KB273437

이상무의 왕초보
골프 가이드

이상무의 왕초보 골프 가이드

이상무 글 · 그림

삼호미디어
samho MEDIA

출판사에서 이번 작품을 제의해 왔을 때 한참을 망설였다. 티칭 프로나 상급자를 몇 번만 따라 나가면 저절로 배워지는 일인데 굳이 책으로 묶어 내야 할 만큼 이러한 입문서가 필요할까 하는 의구심 때문이었다. 하지만 처음 필드를 나가면서 알아야 하고 익혀야 할 것이 많은 스포츠가 골프인지라 '그 어느 스포츠보다 가이드 역할이 필요하겠다'라는 생각이 들어 책을 내기로 마음먹었다.

누구나 필드에 처음 나갔던 날을 잊지 못할 것이다. 낯설고 당황스러워 어찌할 바를 몰라 정신없이 허둥대다 보면 연습장에서 배운 샷과 주의사항은 떠올릴 겨를도 없이 머릿속이 온통 하얗게 되어버린 기억이 있을 것이다. 그러나 훗날 돌아보면 실수투성이였던 그 첫 시작이 중요했음을 깨닫는다.

골프 스윙 중에서 가장 중요한 것이 스윙의 시작인 그립과 어드레스, 백스윙이다. 스윙에서도 시작이 중요할진대 골프 인생에서 처음 시작하는 날이 어찌 중요하지 않겠는가. 처음 배운 기본 규칙과 매너가 한 사람의 골프 인격을 평생 결정짓기 때문이라 더욱 그럴지 모른다.

골프 인구가 증가하는 만큼 골프 매너가 부족하다는 얘길 자주 듣는다. 골프는 개개인의 비교가 적나라하게 드러남과 동시에 주변 환경과 동반 플레이어의 성향에 따라 경쟁의식이 쉽게 발현되는 스포츠이다. 때문에 자칫 경쟁에 몰입

하다 보면 기본 매너와 규칙을 등한시하여 동반자의 빈축을 사기도 한다. 하지만 골프는 '상대방을 배려하는 운동'이라고 할 만큼 매너를 중요시하는 운동이다. 같이 라운드하는 파트너는 경쟁자이면서 심판관이며 자신의 멋진 샷을 감상해

주는 관객이 된다. 이 복합구조의 파트너가 있어야만 골프라는 운동이 성립되기에 파트너에 대한 배려가 중요시 되는 것은 당연지사다.

　이 책은 골프를 처음 시작하는 초보자들에게 조금이나마 도움이 되기 위해 엮은 책이다. 단순한 설명보다 실제 벌어질 만한 상황들을 연출해서 극화해 보았다. 기본 예절, 규칙, 용어, 준비물 등 처음부터 골프를 잘하는 사람이 없듯이 예절과 규칙을 처음부터 잘 아는 사람도 없을 것이다. 이 책을 통해 골프를 시작하는 많은 사람들이 당황하지 않고 여유롭게 골프를 배울 수 있기를 바라며, '실력 못지않게 매너 있는 골퍼'란 칭찬을 듣게 되기를 기대해 본다.

그리고 쓴 이　이상무

목차

Part 03

그린으로의 플레이 ——————————————————— 67

라운드는 전날부터 시작이다

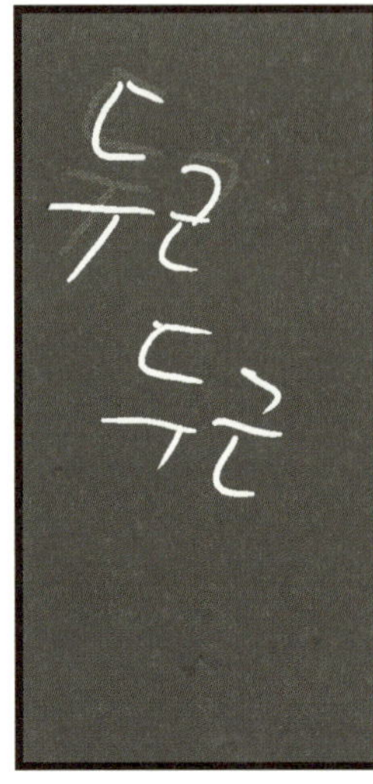

후다닥

다시 한 번 점검하자.

드라이버 우드,
아이언 퍼터…
모두 챙겼지?

볼과 티,
장갑도…

골프화도
챙겼고…

바지, 모자,
티셔츠, 양말도
챙겼지?

제발!!
잠 좀 자자아!

머리 두 번 얹다간
날밤 새겠다!
알았어.
알았다구…

그렇지만!
?

오늘밤엔
이 선을 넘으면
안 돼!
…
탁탁

출정 전날 부정타면
안 되니까.
으이구!!
시거든 떫지나 말지~!

골프장은 미리
도착하는 게 좋다고 하니
1시간 전쯤 도착하도록
출발해야지~

엥!!

왜 이리 정체가
심하지?
빵 빵
빵

뭐야?!
이 길은 평소에 막히던
길이 아닌데!

아이구!
답답해.
빵빵

시끄러워!
길이 막혔는데
그런다고 뚫리냐?!

아~
이러다가
시간 넘기는 건
아닌지 몰라…
제발…
제발…

가까스로
시간 전에
도착했다.

골프치러 왔는데
주차장이 어디죠?

트렁크부터
여시죠.
남의 차
트렁크는 왜…?

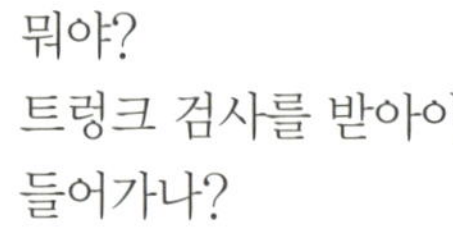

뭐야?
트렁크 검사를 받아야
들어가나?

아, 아니
남의 골프백은
왜…?

캐디백을 내려놓고
주차를 하셔야죠.
!

아니,
이제 오는
거예요?
?

앗!
이슬기 프로.
너무 늦어서
나와 본 거예요.

엇, 아직
티업 시간이
15분 정도 남았는데…
그 용어부터
고치세요.

티업 시간이라고
흔히들 말하는데,
잘못된 용어예요.
?

출발 시간은
티업(tee up)이
아니라 티오프
(tee off)라고
해야 해요.

?
부웅
앗!
차도둑이다!
저놈 잡아라!
부웅
이 골프장은 주차요원이
직접 주차해 주는
발렛파킹이에요.

고객이 직접
주차하는 골프장에선
캐디백을 내려놓고
직접 주차를 하죠.
!

참 캐디백에
네임텍은 달려
있겠죠?
당근이죠!
그래야
경기 보조원이
캐디백을
배치하니까요.
독고탁

프런트에 도착을 알리고 라커를 배정받는다

이곳에 성함을 기재하세요.

10 : 20 (東)

이곳은 멤버쉽 골프장이니 비회원인 탁 씨는 비회원란에 이름을 적으세요.
예.

자! 여기 라커 넘버입니다.
LOCKER NUMBER
187

저 그린피는 얼마죠?
저희 클럽은 후불제라 라운드 후에 계산하시면 됩니다.

미리 선불을 받는
골프장도 있지만 대개
후불제로 운영하는
골프장이 많아요.
예.

MEN'S LOCKER
저쪽에 남자
라커룸이 있으니
어서 옷 갈아입고
나오세요.
급해요!

187번이
어디지?
어휴,
복잡하기도
해라.

이런~
다 갈아입었는데
옷장을 잠글
열쇠가 없잖아.

아!
여기다.
187

다
닥

여기는 전자키를
사용하고 있어요.

비밀번호 4자리를 누르시면 잠깁니다.
열 때도 비밀번호를 눌러 여시면 됩니다.
네!

급하다~

어?!
어디로 가야 하지?

카트가 저기로
가는 걸 보니
저쪽인가 보다.

헉
헉

어?
모르는 사람들인데?
누굴 찾으세요?
이슬기
프로라고…
여기는 서코스인데
잘못 찾아왔어요.
다른 곳도
있어요?
이 골프장엔
동코스, 서코스, 중코스
이렇게 세 개의
출발 코스가 있어요.
프런트에 가서
코스를
확인하셔야죠.
아이고~

어디 갔나 했더니 저기서 헤매고 있으시네.
탁 씨, 이쪽으로 오세요.
우린 동코스인데! 프런트에서 접수할 때 코스를 꼭 확인하셨어야 했어요.
아이고~ 숨차다.
이게 다 늦게 도착했기 때문이에요.
학
학
쯧쯧, 꼴좋다~

학교 다닐 때도
항상 지각만
하더니…

하하!
아무튼 너도 골프에
입문하게 된 것을 축하해.
독고탁! 환영한다.

서로 가까운
동창들이니 내가
새삼스레 소개할
필요는 없겠네요.

그 대신 이쯤에서
골프장에 도착해서
출발 전까지를 한번 짚고
넘어가겠어요.

우선 어떠한 경우라도
클럽하우스까지는 1시간
전쯤에 도착해야 합니다.

클럽하우스 현관에 도착하면
대기하고 있던 경기 보조원에게
캐디백과 보스톤백을 건넵니다.

그리고 직접 주차장에 주차합니다.
참고로 주차원이 주차해 주는
발렛 파킹 골프장도 있습니다.

그리고 클럽하우스 로비 프런트에
예약자와 예약 시간을 알리고
출발 코스를 확인한 후 자신의 이름을
기재하고 라커 넘버를 배정받습니다.

배정받은 라커룸에서
골프 복장으로 갈아입은 후…

클럽하우스 로비 또는 식당에서
간단한 음료나 식사를 하며 함께
라운드할 파트너와 인사를 하게
됩니다.

그리고 출발 코스로 나오면
캐디가 캐디백을 배치받고
대기하고 있게 됩니다.

그리고 몇 개의 클럽으로
지정된 구역이나 연습장에서
스트레칭과 빈 스윙으로
몸을 풉니다.

그리고 연습 그린에서 퍼팅 연습을
합니다. 이 연습은 매우 중요합니다.
그 골프장의 그린 상태를 미리
점검하는 기회이기 때문입니다.

그런 다음 티오프 시간이 되면
출발 코스 1번 티잉그라운드로
나가게 됩니다.

창피…
그런데 탁 씨는 늦게 오는
바람에 이 모든 과정을
거치지도 못하고 바쁘게
우왕좌왕했으니…

결국 무얼 하나
빠트리고 나오곤 하게
됩니다.
아차!

선크림을 바르고
나온다는 것을
잊었네…
그것 보세요.

여성들은 더 많은 시간과
준비물이 필요합니다.
미리 화장도 해야겠지만.

간단히 화장품 가방을
따로 준비해야 합니다.

여성들의 복장은
민소매 옷은
삼가해야 하고

지나치게 노출된 옷은 입지
않도록 해야 합니다.

남성은 더워도
반바지 착용을
가급적 피해야 하며
만일 반바지를 입게
되면 꼭 목이 무릎까지
오는 긴 양말을
착용해야 합니다.

덥다고 수건
따위를 허리춤에
달고 다니거나
상의의 단추를
풀어 헤치고 다니는
단정치 못한 복장은
비난받을 만한
매너입니다.

플레이 전 체크 포인트

체크인

클럽하우스에 도착하면, 카운터로 가서 티업 시간과 예약자 이름을 알리고 내장객용 명부에 성명을 써넣는다. 회원제 골프장인 경우에는 소개자의 이름도 써넣는다. 체크인을 하면 라커 키 또는 라커 번호를 받게 되는데 이것이 골프장에서 신용카드와 같은 역할을 한다. 그늘집 등에서 발생한 경비는 라커 번호로 확인하고 체크아웃 시 카운터에서 일괄 계산한다.

라커룸으로

프런트에서 라커 키를 받으면 즉시 라커룸으로 가서 옷을 갈아입는다. 대개의 경우, 키에 쓰여 있는 번호와 동일한 번호의 라커를 사용하게 되어 있다. 귀중품은 반드시 프런트나 귀중품용 금고에 맡긴다.

휴대품

스타트 홀로 가기 전에 필수품을 체크해 본다. 볼은 반드시 1~2개 정도 주머니에 넣고, 캐디백에는 최하 5~8개 정도 넣어 두는 것이 안전하다. 티 샷을 치는데 필요한 티 페그, 마커도 2~3개 준비한다. 티는 긴 것, 중간 것, 짧은 것이 있는데 긴 것과 중간 것은 자기의 취향대로 쓰며 짧은 것은 파3홀, 숏홀에서 필요하다.

코스의 확인

인코스, 아웃코스를 확인하는 일도 잊지 말자. 티업에 늦어서 안내 방송으로 불려 나가는 것은 다른 사람에게 큰 폐를 끼치는 일이다.

플레이 전의 준비 운동

어떤 스포츠라도 갑자기 큰 동작을 취하면 부상을 당하기 쉽다. 특히 겨울철에 몸이 풀리지 않은 상태로 플레이에 들어가면 근육에 통증이 일어나기 쉽기 때문에, 준비 운동을 충분히 하도록 한다.

중요한 퍼팅 연습

초보자나 프로 모두 직접 쳐보지 않고서는 퍼팅 감각을 알 수 없다. 연습 그린은 해당 골프장의 그린과 똑같이 되어 있다. 플레이 전 연습을 통해 그린의 감을 익혀 두자.

10분 전에 집합!

골프는 개인의 기량을 겨루는 스포츠이지만, 다른 사람들과의 관계도 굉장히 중요하다. 스타트 10분 전에는 티잉그라운드에 집합하여 함께 라운딩하는 사람들과 인사를 나누자.

타순은 제비뽑기로

스타트 홀의 타순은 티잉그라운드 옆에 있는 제비뽑기 막대나 가위 바위 보로 결정한다. 각 홀에서 최초의 타자가 되는 사람을 아너(명예로운 사람)라고 한다.

티잉그라운드에서의 에티켓과 규칙

Part 02

자, 어찌 됐든 이제 플레이를 시작해야죠?
그래요.

늦어서 정신이 없었지만…

그동안 갈고 닦은 솜씨를 보여줄 거야.

지금 거기서 뭐하는 거야?
뭐하긴, 이제 쳐야지.

니가 뭔데
먼저 치겠다고
설치는 거냐!

뭐야?
초보자는 먼저
치는 게 아니냐?

바보야, 첫 홀의 티 샷 순서는
제비를 뽑아서 정하는 거야.
저기 있잖아!

다음 홀부터는
성적순으로
치는 거야.

!

물론
스코어가 같을
때는 전 홀의
성적을 그대로
적용하는 거고.

내가 먼저
뽑아 보자.

난 3번!
야! 1번이닷!
거 봐! 어차피 내가 먼저 치게 되어 있는 거야.
그 첫 홀이 아니면 네가 언제 오너를 해 보겠냐?!
오너라뇨?
1번 순서를 '오너'라고 하잖아요.
오너(owner), 곧 그 홀의 주인이라는 뜻 아닌가요?
호호, 아니에요.

오너가 아니라
'아너(honer)' 영광이라는
뜻이죠.
그만큼 그 홀의
1번을 친다는 것이
영광스럽다는
뜻입니다.
골프 용어는
제대로 알고 써야 해요.
아니, 저…
야! 너 지금
어디서 치려는 거야?
티잉그라운드에서
쳐야 한다는 것쯤은
나도 알고 있다구!
어휴!

티잉그라운드의 종류

거기가 어딘 줄 알고
거기서 치려는 거야?
거긴 프로들이나 치는
챔피언용 티잉그라운드야!
엥!

그래요.
격에 맞는 티잉그라운드를
선택해야 해요.

대체로 티잉그라운드는

- 검은색으로 표시한 맨 뒷쪽에 프로 선수들용
  블랙(챔피언) 티
- 그 앞에 아마추어 고급자용 블루 티
- 그 앞에 일반 아마추어용 화이트 티
- 그 앞에 노년층이 이용하는 실버 티
- 맨 앞쪽에 여성용 레이디 티가
  표시되어 있어요.

끼끼…
그런데 초보인 네가 블랙 티에서 치겠다고?

창피~

그렇다고 레이디 티에서 칠거냐?

그렇다면 치마를 빌려 입고 오던가! 킥킥~

익!

첫 라운드에 실수가 있다고 비웃으면 안 돼요!

화이트 티 마커가 있는 레귤러 티잉그라운드에서 치세요.

난 ○○제품 3번 볼을 칠 건데 넌 무슨 볼이야?
쳇! 별걸 다 물어!

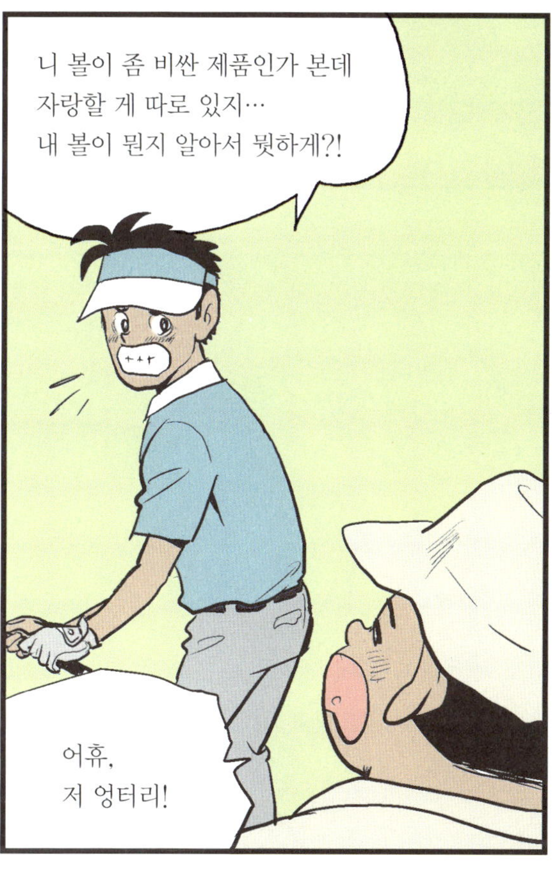
니 볼이 좀 비싼 제품인가 본데 자랑할 게 따로 있지…
내 볼이 뭔지 알아서 뭣하게?!
어휴, 저 엉터리!

출발 전에 서로의 볼을 확인하는 것은 의무라구!
?

그래요.
첫 홀 티잉그라운드에서 서로의 볼을
확인하는 것은 기본 의무입니다.
!

그래야 코스 내에서 서로의
볼이 바뀌지 않게 확인해 가며
칠 수가 있는 거지요.
비겁하게
알까는 것도
방지하고.

난 4번!
난 3번!
난 1번!

 빈 스윙에도 에티켓이 있다

야!
독고탁!
빈 스윙하는데
놀라긴…
낄낄

지금 큰 실수를
한 거예요.
예?!

빈 스윙은 항상
그린 쪽, 사람이
없는 곳을 향해서
해야 합니다.

아무 방향이나 사람을
향해 불쑥불쑥 빈 스윙을
하는 분이 많은데
아주 위험하고도 나쁜
매너입니다.

정말 골프는
지켜야 할 것이
너무 많아.

티업 요령, 제대로 알자

지금 뭐하고 있는 거죠?
볼을 티업 시키기 위해 티를 꽂는데 잘 안 꽂혀요.

대개의 아마추어들은 티업 요령이 천차만별 입니다.
티업 요령을 너무 모르고 있어요.

티를 먼저 땅에 꽂은 후…

그 위에 볼을 올려 놓는 사람.

바닥에 쭈그리고 앉아서 마치 용변보는 자세를 취하는 사람. 만일 여성이라면 보기 민망하겠죠? 모두 바른 자세가 아닙니다.

티업 요령은 우선 볼과 티를 함께 쥡니다.

그 다음 볼을 눌러 티를 잔디에 꽂습니다.

무릎을 약간 구부린
상태에서 한 발을 내밀고
허리를 굽혀 티업하는 자세가
남성들이 많이 취하는
티업 자세죠.

짧은 스커트를 입은
여성이라면
왼발을 뒤로 빼고
다리를 모은 채
단정하게 쭈그려 앉아
꽂기도 합니다.

알았어요.
티는 볼과 함께
꽂아야 쉽게 꽂을 수
있겠네요.

이제야 티업하는
법을 제대로 알았어.

46

티잉그라운드 구역을 정확히 알자

치사하게 그거
조금 나갔다고…
깐깐하긴!

아예 멀찍이
뒤에서 치겠어.

그것도 위반이에요.
너무 멀리
물러났어요.
손해를 감수하고
뒤로 물러난 것도
위반이에요?

티잉그라운드(Teeing ground)는
티 마커 2개로 표시되어 있지만
일정한 구역이
정해져 있는 겁니다.

즉, 티 마커 뒤로
2개의 클럽 길이만큼
물러날 수 있으니까.

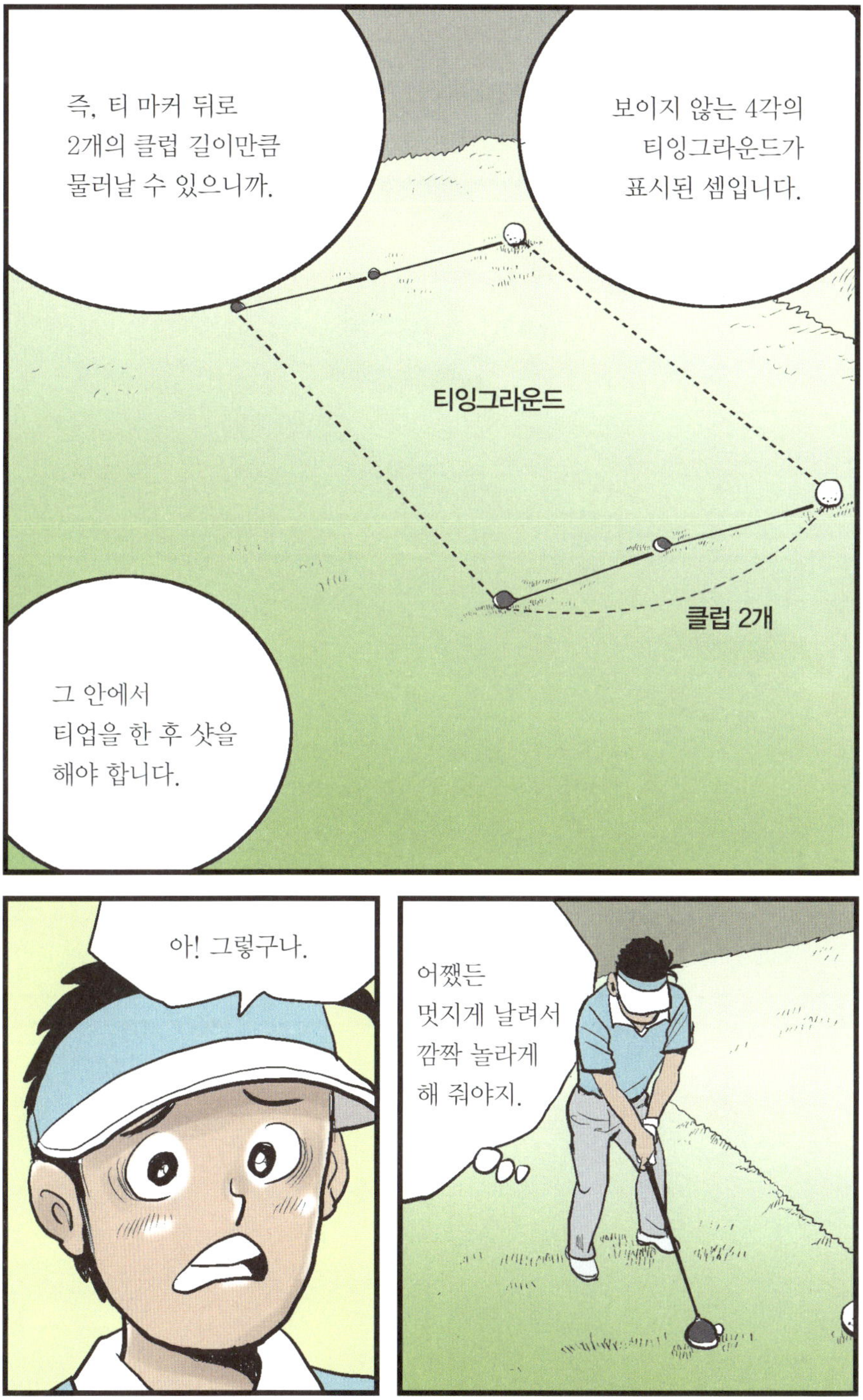

보이지 않는 4각의
티잉그라운드가
표시된 셈입니다.

티잉그라운드

클럽 2개

그 안에서
티업을 한 후 샷을
해야 합니다.

아! 그렇구나.

어쨌든
멋지게 날려서
깜짝 놀라게
해 줘야지.

킥킥킥!
저럴 줄 알았다니까.
휘익

너 벌써 한 타 친거야.
뭐야?

아직 볼을 건드리지도 않았는데 한 타를 친 거라니?

칠 의사가 있는 스윙은
비록 볼을 맞히지 못했더라도
한 타를 친 것으로
간주한다고!
아니,
그렇지 않아요.

티업된 볼이 그대로
있는 것은 아직
인플레이가 되지 않은
볼이기 때문에 친 것으로
간주하지 않아요.

아직 출발이
안 됐다는 뜻이죠.
아,
그런가…

그러나 인플레이가 된 후
2타째부터는 칠 의사가 있는
헛스윙도 1타를 친 것으로
간주하죠.
아하…!

거봐, 괜히…
이번엔…
어? 왜 이리 안 맞는 거야!
휘익
푸홋!
킥킥
연습장에선 잘 맞았었는데…
휘
휘
벌타가 없다고 마구 휘두르는 거야?

긴장하지 말고
천천히 가볍게
휘둘러 보세요.

프로 선수들도
첫 홀의 티 샷은
마음껏 휘두르지
않는답니다.

그만큼 첫 홀은
몸이 덜 풀리고 자신의 스윙감을
찾기 힘들기 때문입니다.

예.

그래,
천천히…

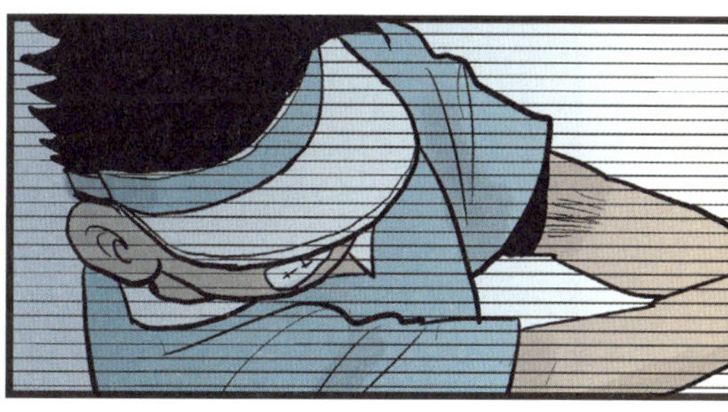

히얏,
맞았다!!

어?! 어디로 날아갔지?

하하!
드라이브샷 거리
한번 끝내준다.

이젠 친 것이
아니라고 우길 수도
없고 어쩌지?

넌 이 자리에서
2타째를 쳐야 해.

아니에요.
2벌타를 부과받고
쳐야 해요.

예?!
2벌타씩이나
부과받다뇨?

골프 규정 19조 2항에는
자신이 친 볼이
자신 또는 자신의 캐디,
자신의 휴대품에 맞아
방향이 변했을 때
2타의 벌타가 부과됩니다.
아이고~

좋아.
내가 시범을
보여 주겠어!

따~
와!
똑바로 난다.
녀석,
놀랐을 거다.
히야…
으스댈만도
하다.
이번엔
내 차례다.

야!
너 골프한 지
오래됐다더니
정말 멋지게 날리는데?
정말 대단하다.
조용히 좀 해!
시끄러워서 집중이
안 되잖아.
상대방이 샷을 할 때는
조용히 해야 합니다.
골프는 예민한
운동이기 때문에
지켜야 할
에티켓이 많아요.
상대방이 샷을 할 때
조용히 지켜보는 것도
그중 하나입니다.
알았습…
…읍!

워터 해저드
쪽이다.

아!
왼쪽으로 도는
훅볼이다.

휴~
다행히 말뚝
직전에서
멈췄어.

딱

이슬기 프로의 스윙은
보는 것만으로도 즐거워.

그럼 나는
여기서 4타째를
쳐야겠네.

여자인데도
준이가 친 볼보다도
더 멀리 날아갔어.

페어웨이 우드로
공략해야지…

앗!!
토핑이다.

핑

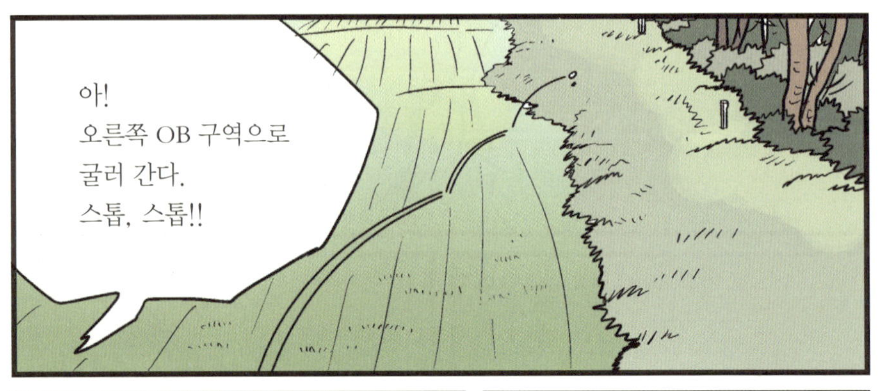

아!
오른쪽 OB 구역으로
굴러 간다.
스톱, 스톱!!

OB 표시
말뚝 때문에
살았어.

아직 그린까지
거리가 많이 남았으니
다시 우드로…

아이언으로 안전하게
페어웨이로 보내세요.
거리가 많이 남았다고 마구
긴 채만 선택하면
더 궁지에
몰리게 되죠.

하지만 말뚝 때문에 걸려서 칠 수가 없잖아.
흔들
흔들
뽑힐 것 같은데 잠시 뽑아내고 쳐야지.
안 돼요!
OB 표시 말뚝은 건드릴 수 없어요. 그냥 치든지 벌타를 부과받고 드롭해서 치든지 해야 해요.
할 수 없이 긁어내 놓고 쳐야겠어.
드르륵
방금 그렇게 긁어내는 것도 골프 규정에 위반됩니다.
어휴~ 웬 위반이 그리 많지.

14조 1항에
"볼은 클럽의 헤드로
히팅(hitting)해야지.
밀어내거나 떠올려서는
안 된다"라고 되어
있어요.

방금 그렇게
긁어내는 것은
올바른 스트로크
방식이 아닌 것이
돼요.

벌써 벌타를
몇 개나
먹은 거야?

딱

히야,
이번엔
잘 맞았다.
그렇게 힘을 빼고
아이언으로 가볍게 치니
잘 맞은 거예요.
아주 굿샷을 날렸어요.

해저드 쪽으로 간
내 볼도 말뚝 때문에
스윙에 방해가 되네.

잠시
뽑아내고…
어!

말뚝은
뽑지 못하게
되어 있단
말이야.

아닙니다.
그 말뚝은 스윙에
방해가 되면
잠시 제거했다가
칠 수가 있어요.

초보라고 차별하는 거예요?
왜 나는 말뚝을 건드리지도 못하게 하면서…
불만… 불만…
그렇지 않아요.

OB 말뚝은 그 자체가 골프장 경계를 표시하는 말뚝이니 뽑을 수가 없지만…
해저드 표시 말뚝은 경기장 구역 내에 있기 때문에 치울 수 있는 장애물이 되는 거예요.

에이, 그저 내가 하는 일은 모두가 불법이구만!
투덜 투덜

말뚝을 뽑아내도
스탠스가 불안해.

어이쿠!
그린 사이드 벙커로
들어갔다.

플레이의 첫걸음, 티 샷

티잉그라운드

티 샷을 치는 장소를 티잉그라운드라고 한다. 여기에는 티 샷을 치는 사람만 들어간다. 또한 티잉그라운드 안에서도 좌우에 놓여 있는 티 마커를 연결하는 가상의 선을 기준으로 뒤로 2클럽 길이 이내까지의 직사각형 구역 안에서만 티업할 수 있다.

티업

드라이버로 티 샷을 할 경우 티의 높이는 클럽의 솔 부분이 지면에 닿았을 때, 티 위의 볼이 클럽페이스보다 절반 정도 더 높게 올라온 정도가 적당하다. 단, 이것은 어디까지나 기준이다. 티잉그라운드의 잔디 상태에 따라서도 티의 높이는 달라질 수 있으므로 자신에게 맞는 높이를 알아 두는 것이 중요하다.

볼을 놓는 방법

티잉그라운드에 서면 자신이 어느 방향을 향하고 있는가 알기 어려운 때가 있다. 그럴 때에는 볼에 인쇄되어 있는 브랜드명 등을 기준으로 삼아 보자. 문자의 라인이 그린 쪽으로 똑바로 향하도록 볼을 놓으면 된다. 조금 뒤로 물러서서, 볼의 문자 라인이 정확하게 그린 쪽을 향하고 있는지 상태를 확인한다.

어드레스

볼을 칠 자세를 잡는 것을 어드레스라고 한다. 자세를 취한 다음에는 볼을 보내려고 하는 방향을 잘 보고 확인한다. 이때 주의해야 할 것은 티 마커가 페어웨이 방향과 반드시 일치하지는 않는다는 점이다. 티 마커에 대하여 직각으로 서지 말고, 볼이 날아가는 선인 비구선에 대하여 평행으로 서는 것이 중요하다.

스윙

골프에서는 신속한 플레이가 요구된다. 그러나 그것에만 신경을 쓰다 보면 모처럼의 라운드가 재미없어지고 만다. 좋은 플레이는 침착하게 해야만 가능하다. 어드레스 시간을 길게 하는 것은 결코 매너에 어긋나는 것이 아니다. 특히 첫 번째 샷은 누구라도 긴장한다. OB만 되지 않으면 좋다는 기분으로 편안하게, 서두르지 말고 티 샷을 하도록 한다.

겨냥하는 곳

쇼트 홀에서가 아니면 1타로 온그린하기는 힘들기 때문에 페어웨이를 겨냥하는 것이 보통이다. 그것도 제2타를 치기 쉬운 장소가 가장 좋다. 그러나 처음에는 좀처럼 자신이 원하는 곳으로 나가지 않는다. 무리하여 멀리 날리려고 힘을 주기보다는 가볍게 스윙해 본다. OB 구역이 있는 홀에서는 자칫하면 위축되기 쉽지만, 그럴 때에는 티잉그라운드를 넓게 사용하여 보자. 오른쪽 OB가 마음에 걸리면 오른쪽, 왼쪽이 마음에 걸리면 왼쪽에 서서 OB 구역의 반대쪽을 향하여 친다. 그렇게 하면 볼이 약간 휘어져 나가도 OB 구역에 빠질 위험이 적어진다.

그린으로의 플레이

Part **03**

핀에서 먼 곳의 볼부터 먼저 플레이한다

이 규칙은 컵에
볼이 들어가서
홀아웃(hole out)
될 때까지 지켜져야
합니다.

쩝…

그리고 뒤에서 볼을 치는데
그렇게 볼 앞쪽으로
먼저 가 있는 것은 매너에도
어긋나고 위험하기도 하니
물러나 있어요.

내가 혹시 실수해서
잘못 치면 큰 부상을
당할 수도 있으니까.

준이는
이제 2타째를
치는구나.
아!
조금 짧았어.
역시 프로는 달라.
부드럽게 치는구나.
똑바로 난다!
나이스 온!

이젠 내가 쳐도 되는 거죠?
네, 그래요.

잘 쳐서 나도 그린에 올려야지!

……

지겨워~ 안 치고 뭐하고 있는 거야! 발에 뿌리내렸니?!
……

지금 내가 몇 타째 치는 건지 세고 있는데 몇 타째가 되는 거지?
어이쿠!

스코어 생각말고 볼이나 제대로 치라구!!

어! 어디로 가는 거지?

아직도 핀에서
탁 씨의 볼이
제일 머니까 빨리 가서
플레이하세요.

잠깐요!
또…
뭘…??

그곳은 플레이
금지구역이에요.
플레이
금지구역?

그린은 골프 코스의 꽃이라고 할 만큼 중요한 곳이에요.

그리고 그 홀의 결과가 결정되는 중요한 곳이고 플레이어들이 가장 많이 밟게 되는 곳이지요.

그린은 쉽게 손상되기에 그린 위에서는 특별히 조심해서 플레이해야 합니다.

더구나 우리나라 기후는 잔디의 성장 기간이 짧아 많은 골프장이 손상되는 그린을 보수하기 위하여 두 개의 그린을 조성해서 번갈아 사용하는 곳이 많아요.

그래서 사용하지 않는
그린에 볼이 올라 갔을 때는
프로 선수들의 경기 외에는
그린 밖에서 볼을 드롭한 후
플레이해야 합니다.
아!

그런데 그 볼을
드롭하는 데에는
분명한 원칙이
있어요.

바로 가장 가까운
그린 밖으로 나가되
핀에 가깝지 않은 곳이어야
합니다.

핀에 가깝지 않은 가장 가까운 그린 밖이라면 다음 몇 가지 사례가 참고가
되겠지요. 사선 친 부분에서 드롭할 수 있습니다.

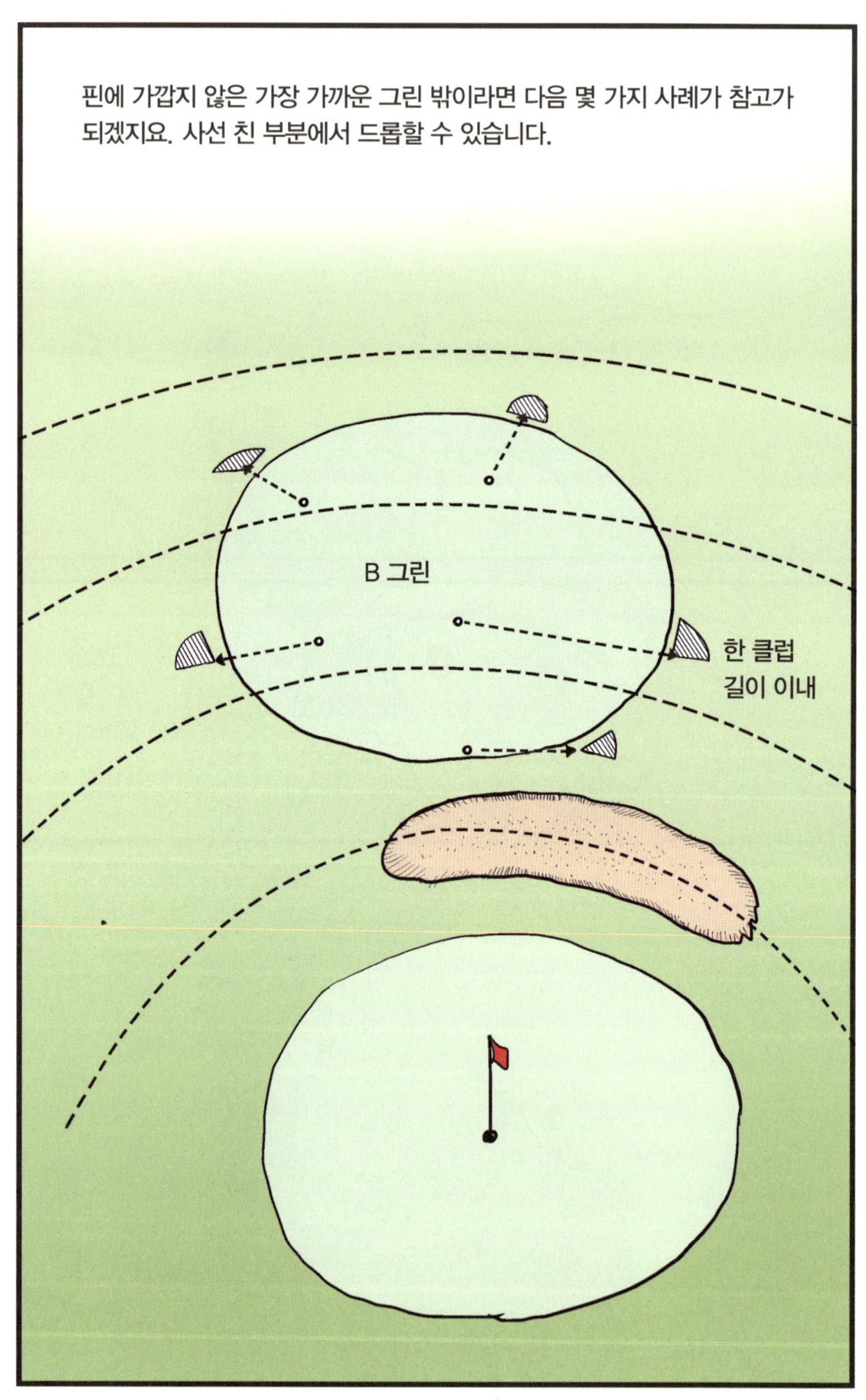

결국 B 그린에
올라간 볼을 드롭하는
장소는 한군데로
국한되겠군요.

그렇죠.
그곳을 바로
'니어리스트 포인트
(Nearest Point)'
라고 합니다.

이 니어리스트 포인트를
찾아내서 드롭해야지,
아무 곳에나 들고 나와서
드롭하면 안 됩니다.

그럼 내 볼을
드롭할 장소는
여기가 되겠군요.

그렇죠.

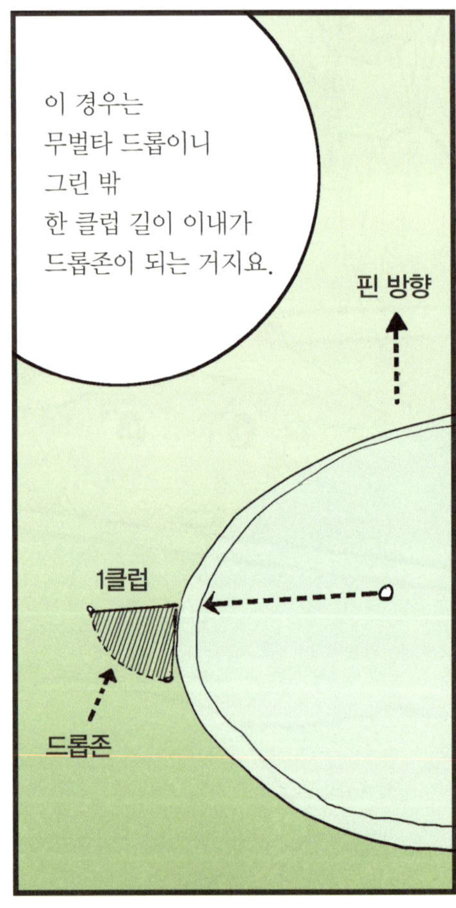
이 경우는
무벌타 드롭이니
그린 밖
한 클럽 길이 이내가
드롭존이 되는 거지요.
핀 방향
1클럽
드롭존

드롭 방법은 볼을
어깨 높이로 들어서
떨어뜨려야 합니다.
이렇게 하면
되겠죠?

어, 어!
이게 뭐야??

내 발 사이에
떨어졌어요!

이걸
어째야 하죠?
킥킥!
어째 드롭하는 것도
왕초보 티를 내냐?!

다시
드롭하면 돼요.

떨어진 볼이 발 또는
곁에 둔 클럽에 닿거나
드롭존을 벗어나게 되면
다시 드롭해야만 합니다.
휴~
난 또…

80

벙커에서 지켜야 할 사항

앗!
내 볼이 깊은 발자국
안에 들어가 있다.

이런 볼은
도저히 칠 수 없는데
옮겨 놓고 치면 안 되나요?

왕초보 같은 질문이네요.
있는 그대로 쳐야지요.
왕초보…
날 두고 하는
말인가?

진짜
저걸 어떻게
치라는 거지…
봉구 큰일 났다.

어떤 매너 나쁜
사람이 벙커 정리도
안하고 그냥…

퍽

저봐!
결국 실패했어…

겨우 두 번만에
탈출했다.

봉구 씨도 벙커에 들어가는
매너는 나빴어요.
그렇게 먼 곳에서부터
들어가는 것이
아니에요.
?

이제 그 많은 발자국을
정리하려면 힘들 것
아니에요?!

그…그렇군요.

벙커 안에서 샷을 할 때에는 어드레스 때 클럽이 모래에 닿으면 안됩니다.
×
○

모래 바닥을 건드리면 라이를 변형시키는 결과를 가져오기 때문입니다.

방금처럼 볼이 발자국에 들어가서 치기 어려운 경우가 생겨도 그냥 플레이해야 하기 때문에
자신의 발자국 정리를 해야 하는 것은 필수입니다.

그래서 벙커 안에 들어갈 때에도 볼이 들어간 자리와 가까운 뒤나 옆에서 들어가되 가급적 낮은 곳으로 들어갑니다.

어이쿠!
턱이 높고 깊은 곳으로 들어갔다가 벙커 안을 엉망으로 만들 수도 있으니까요.

벙커에 들어가는 매너도 익혀야겠어.
힘들어…
골프하러 온 게 아니라 밭 매러 온 것 같아.

내가 벙커에 빠지지 않은 게 얼마나 다행이야.
그래서 모두들 벙커를 두려워 하는군.

모두가 홀컵 주변으로 모여 들었군.
그 홀컵이라는 용어도 잘못된 것이에요.

모두가 홀(hole)을 홀컵이라고들 하는데 이는 역전 앞, 가사일 같은 이중 용어가 되는 겁니다.

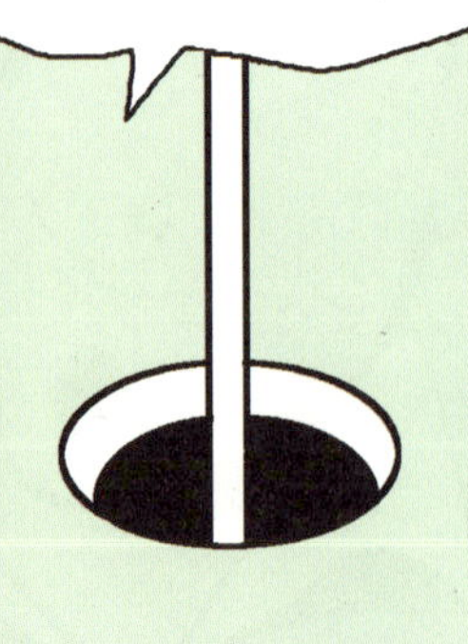
그냥 '홀'이라고 하던지 홀을 구성하고 있는 컵이 들어 있으므로 '컵(cup)'이라고 하면 됩니다.

골프는 매 홀 티잉그라운드를 출발하여 핀이 꽂혀 있는 그린에 도달하는데, 이를 '온그린(on green)'이라고 하죠.

그리고 온그린된 볼 바로 뒤(홀을 향해)에 코인 등으로 표식을 하는데, 이 표식을 '마커(marker)'라고 합니다.

그런 뒤에야 비로소 볼을 들어 올려 닦을 수가 있습니다.

다시 플레이하기 위해 볼을 놓을 때는 반드시 제자리에 놓아야 합니다.

나도 마크를 하고…
어!
다들 동전 같은 걸로 준비해 왔네.

나도 동전 하나만 빌려 줘.

앞으로 예쁜 마커 하나 준비해 다녀.
그런 게 필요한지 알았어야지.

나도 마크를…
안 돼요! 탁 씨는 아직 온그린된 게 아녜요!

지금 준 씨나 탁 씨의 볼이 있는 곳은 그린과 페어웨이의 경계구역인 '프린지' 또는 '칼라'라고 일컫는 구역인데 그 곳은 온그린된 것이 아닙니다

하하!
퍼터는 꼭 그린 위에서만
사용하는 건 아니야.

그럼 온그린되지 않은
볼은 퍼터로 치면
안 되는 건가요?

그린 밖 러프에서도 퍼터를
사용할 수 있는 거고.

반면 그린 위에서 퍼터 대신
드라이버를 사용할 수도
있는 거라고.

그래요,
그 쪽에서는 퍼터를
사용하는 것이
쉬울 것 같아요.

어…어
어디로 가는
거야?

챗! 경사를
잘못 봤어.
이제는 마크를
하고…
이젠 내가
칠 차례야.
봉구야! 핀 좀 빼줘.
핀을 빼고 공략해
보겠어.

어! 그래도 되는 거야?
준이도 온그린이 안 됐는데
핀을 뽑으면 나와의
형평성이…
온그린이 됐건
안 됐건 간에 핀을 뽑고
말고는 플레이어의
선택이야.
다만 온그린된 볼을
플레이할 땐 꼭 핀을 뽑고
플레이해야 해.
척

먼저
홀아웃할게요.

예.

아유~아깝다!
들어가면
버디인데…

골프는 홀에서
먼 사람부터
플레이해야 한다고
했는데…
왜 먼저…?

그걸 누가
모르겠어.

그러나 간단히 마무리
지을 수 있는 숏퍼팅은
양해를 구하고 먼저
홀아웃을 할 수 있다고.

!

통

또 홀과 너무 가까운 곳에 마크를 하게 되면 상대가 퍼팅을 할 때 신경이 쓰이게 되니 쉽게 마무리 될 짧은 거리의 숏펏은 먼저 홀아웃을 하는 거예요.
아!
나는 이걸 넣어야 보기(bogey)가 되는데 꼭 넣어야지!
....

퍼팅하는데 언제까지 거기 서 있을 거야!
쥐 죽은 듯 조용히 있는데 웬 불만?
넌 지금 내 퍼팅 라이를 밟고 섰잖아!!
퍼팅 라이?

잠깐요. 제가 설명을 해 드릴께요.

먼저 봉구 씨의 잘못된 용어를 바로 잡아야 해요.

퍼팅 라이라고 하셨는데…
라이(lie)와 라인(line)을 구분해서 써야 합니다.
'라이(lie)'란 볼이 놓여 있는 상태를 말합니다. 라이가 좋다 나쁘다 등과 같이 표현하죠.
라이
반면 '라인(line)'은 방향을 정하기 위해 볼과 목표물을 연결하는 선을 말합니다.
라인
방금처럼 봉구 씨가 볼을 홀에 넣고자 했을 때 볼과 홀과의 연결선을 라인이라고 합니다.
때문에 "퍼팅 라인을 밟고 섰다"라고 말했어야 합니다.

그리고 탁 씨는 지금 봉구 씨가 말한 대로 퍼팅 라인 선상에 서 있는 건 피해야 합니다.
?

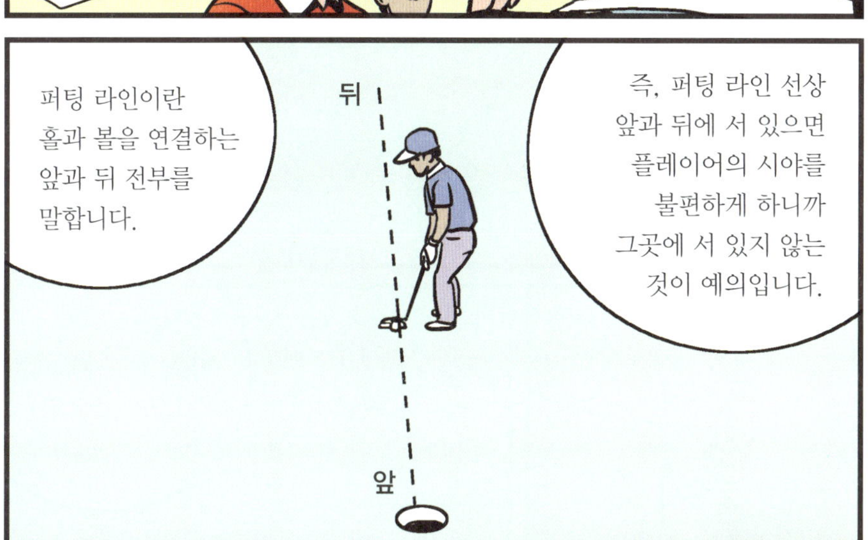

퍼팅 라인이란 홀과 볼을 연결하는 앞과 뒤 전부를 말합니다.
즉, 퍼팅 라인 선상 앞과 뒤에 서 있으면 플레이어의 시야를 불편하게 하니까 그곳에 서 있지 않는 것이 예의입니다.
뒤
앞

이것은 퍼팅할 때뿐만 아니라 모든 샷을 할 때 목표 선상의 앞과 뒤에 서는 것은 피해야 합니다.
아!

특히 라인 선상의 앞과 뒤가 아니라 플레이어의 앞과 뒤로 비껴서서 시야를 방해하지 않도록 해야 할 것입니다.
또 그린 위에서 라인을 읽을 때도 신중한 것은 좋겠지만…
지나치게 프로 선수의 흉내를 내며 시간을 소비해선 안됩니다.
왔다
갔다
물론 규정에는 자기가 플레이해야 하는 시간이 정해져 있지만 지나치게 이리저리 살펴서 시간을 끄는 것은 삼가해야 합니다.
저 정도 거리에서 5분이 다 되어 간다.

여성이 그린을 살필 때의 자세

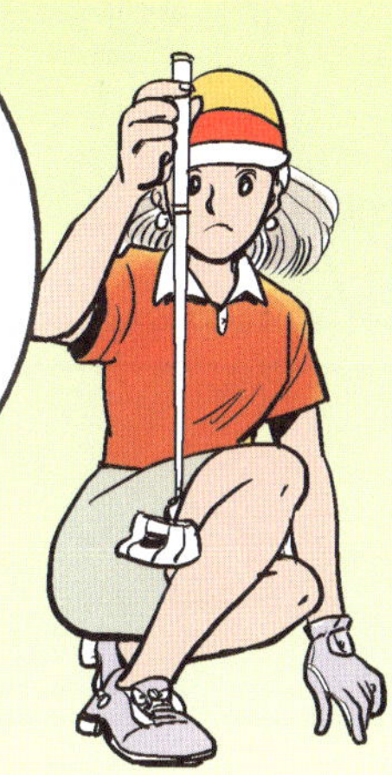

탁

아!
저…저…

어이쿠~
보기 퍼팅도
실패했다.

에잇!
화난다.

더블
보기다.
툭
통

봉구 씨는 남의
퍼팅 라인을
밟았어요!

남의 라인을 밟다뇨? 여기에 무슨 라인이 있다고…
뒤에 탁 씨 마커가 있잖아요. 딛고 선 곳이 탁 씨의 퍼팅 라인이 되잖아요.

그린은 매우 민감한 곳이에요. 자기 플레이가 끝난 뒤 다른 사람이 플레이해야 할 퍼팅 라인을 밟지 않는 것이 예의입니다.
퍼팅 라인
퍼팅 라인

골프화의 스파이크 자국이 볼의 방향을 바꿀 수도 있기 때문입니다.

앗! 탁이 마크가 거기 있는 줄 몰랐어.
미…미안.
말로만 미안하다면 다야?
그럼 어쩌라구?
무릎 꿇고 빌어!
어휴~ 저것들…

이야! 버디닷!!
땡그링

역시 프로는 달라. 첫 홀부터 버디라니!
축하해요! 이슬기 프로.
고맙습니다.
짜작짝
짝짝

자! 나도 마무리 퍼팅을 해야지.
에이, 그거 컨시드(concede) 줬다. 오케이!오케이!!

컨시드라니?!
마무리 퍼팅을 성공한 것으로 선심 쓸 테니 퍼팅할 필요 없다. 그 말이지~
싫어!! 왜 내가 그런 동정을 받아?!
아이구! 받기 싫음 관두고…
너 대체 그게 몇 타째니?
가만 있어. 계산 좀 해 보고. 티 샷 실수에 2벌타에…
야! 빨리 마무리하고 다음 홀로 가야지.

나중에 큰 내기 걸었을 땐 컨시드 안 준다고 아우성치겠지.

땡그랑

끼앗!
들어갔다!!

2미터가 넘는
거리인데 멋지게
들어갔어!
아니!
그린에서 그렇게
뛰면 안 돼요!!

골프장에서
특히 그린은 코스의
생명과도 같은 곳이에요.
그렇게 뛰어서 그린을
손상시키면 안 되죠!

스파이크 자국도
가급적 나지 않도록
조심해서 발을 끌지
않고 걷는 것이
예의인데…
그렇게 뛰다니!
슉

세계적인 프로 선수가
우승하고 그린에서 뛰며
만세 부르는 걸 봤는데…
매너가
나쁜 선수인가
보구나…
킥킥!
눈이 보배라고 볼 건
다 봤구나.

어쨌든
다음 홀로
가자.

이번 홀은
파(par)3홀이다.

앞 조가
아직 그린에
있구나.

앞뒤 조 간에 신호 주고 받기

아무튼 준 씨가 전 홀에서 파(par)를 기록해서 스코어가 제일 좋으니 아너를 하세요.
이 프로는 버디를 해서 스코어가 더 좋은데 먼저 치셔야죠.

전 설명도 해야 하니 순번에서 제외해 주세요.
하긴…

팟

이야!
멋지게 핀을
향한다!

온그린
됐다.

앞 조가 온그린
됐다는 신호를
보내는데 답례를
해 줘야지.
알았어!

그래요.
상대로부터 온그린됐다는
웨이브가 오면 응답을
해 주는 것이 예의죠.

엇! 훅볼이…

어디로
굴러 가는 거야?

그 쪽은
워터 해저드가
있는데…

아!
볼이 살아 있다고
신호가 왔어요.

탱큐!

이번엔
내 차례다.

이번엔
나도 멋지게
온그린
시켜야지!

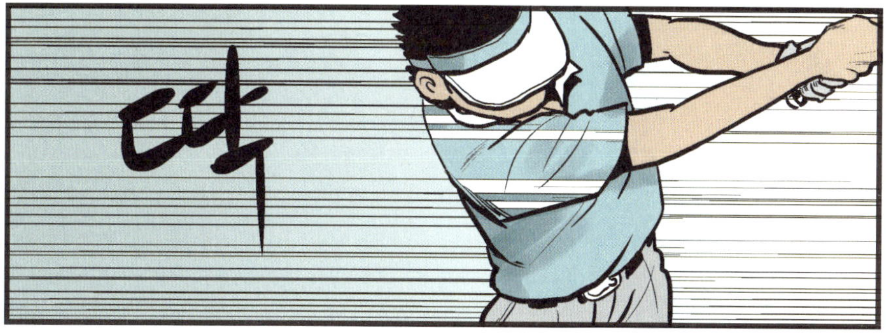

딱

아이쿠!
또 슬라이스다!!

어떻게 된거야?

아! 사인이
왔다.

탱큐!
탱큐!!
잇! 히히히~

왜
웃는 거야?
바보야!
그건 OB가 났다는
신호야.
뭐가
좋다고!

후
다
닥
익!
그런 줄도
모르고…

한 박자 쉬었다가
다시 쳐 보세요.

저렇게 부드러운 샷을
배워야 하는데…
딱

와~ 나이스 샷!
다시 한 번 도전한다.
윽! 이번엔 토핑이다.

하하!
그럭저럭 굴러서
그린 앞까지 간다.

에잇!
두 번째라도
잘 치려
했는데…

잠깐!

그만…
그쯤에서 기다리세요.
예?

내 볼은 저기 있는데…
앞 조가 우리에게 웨이브를 주고 난 다음 지금 퍼팅 중이잖아요.
퍼팅이 끝나고 홀을 비울 때까지 멀찌감치에서 기다려 주는 것이 예의죠.
그린 주변까지 가서 서성된다면 퍼팅하는데 신경이 쓰이겠죠.

조용히…

자, 홀아웃을 하고
그린을 비웠으니 우리가
플레이해야죠.

하나, 둘, 셋…
어쭈!

프로 선수처럼 핀까지 세밀한 거리를 재는 거야?
그게 아니란 말야!

그냥 온그린만이라도 제대로 할 것이지.

저기 봉구 볼하고 내 볼 중에 누가 더 먼가를 재는 거야.
누가 먼지를 알아야 먼저 치지.
못 말려~

봉구 볼보다
내 볼이 더 멀군.

에쿠!
뒷땅!

봉구, 네 차례야.
이제 네 볼이
더 멀어졌어.
어이구!
배운 건 철저히
실행하는구나.

이크!
또 양파했어.
하하하!
'양파'니 '애보기'니 하는
타수를 세는 용어는
속칭입니다.

이번 기회에
골프 타수를 세는
용어를 제대로 알아
두세요.

우선 기본 타수를
'파(par)'라고 하는 건
다 아실 거예요.

골프 타수를 세는 용어

- **파(par)** : 각 홀의 기본 타수(파4홀이면 4타만에 넣는 것)
- **홀인원(hole in one)** : 티잉그라운드에서 1타만에 홀에 들어가는 것(에이스)
- **알바트로스(albatross)** : 파4홀 이상의 홀에서 파보다 3타 적은 타수로 홀인시키는 것
- **이글(eagle)** : 파보다 2타 적은 타수로 홀인시키는 것
- **버디(birdie)** : 파보다 1타 적은 타수로 홀인시키는 것
- **보기(bogey)** : 미국에서는 파보다 1타 더 친 타수를 말하나 영국에서는 핸디캡이 0인 기준 타수를 말함. 따라서 2오버파를 뜻하는 더블보기란 말은 영국에서는 통하지 않음
- **트리플 보기(triple bogey)** : 3오버파
- **쿼드러플 보기(quadruple bogey)** : 4오버파
- **퀸튜플 보기(quintuple bogey)** : 5오버파
- **더블 파(double par)** : 파의 2배 스코어. 속칭 양파
- **듀스(deuce)** : 1홀을 2타만에 끝내는 것을 말하며 주로 미국에서 사용됨

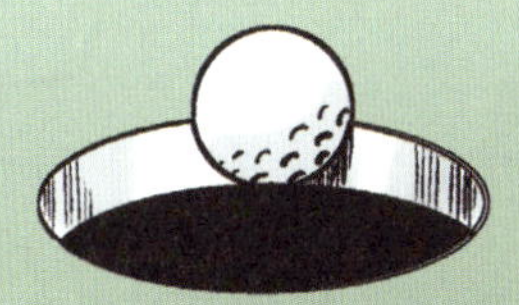

그리고 스코어 카드에 스코어를 기재하는 법을 알아 두어야 해요.
그거야 친 대로 양심껏 적으면 되는 거 아니에요?

일반적으로 공식 경기에서는 서로 상대의 스코어를 적습니다.

예를 들어 준 씨가 탁 씨의 스코어를 적고…
탁 씨가 봉구 씨의 스코어를 적고…
봉구 씨는 준 씨의 스코어를 적는 식이죠.
이렇게 상대의 스코어를 적는 사람을 '마커'라고 합니다.

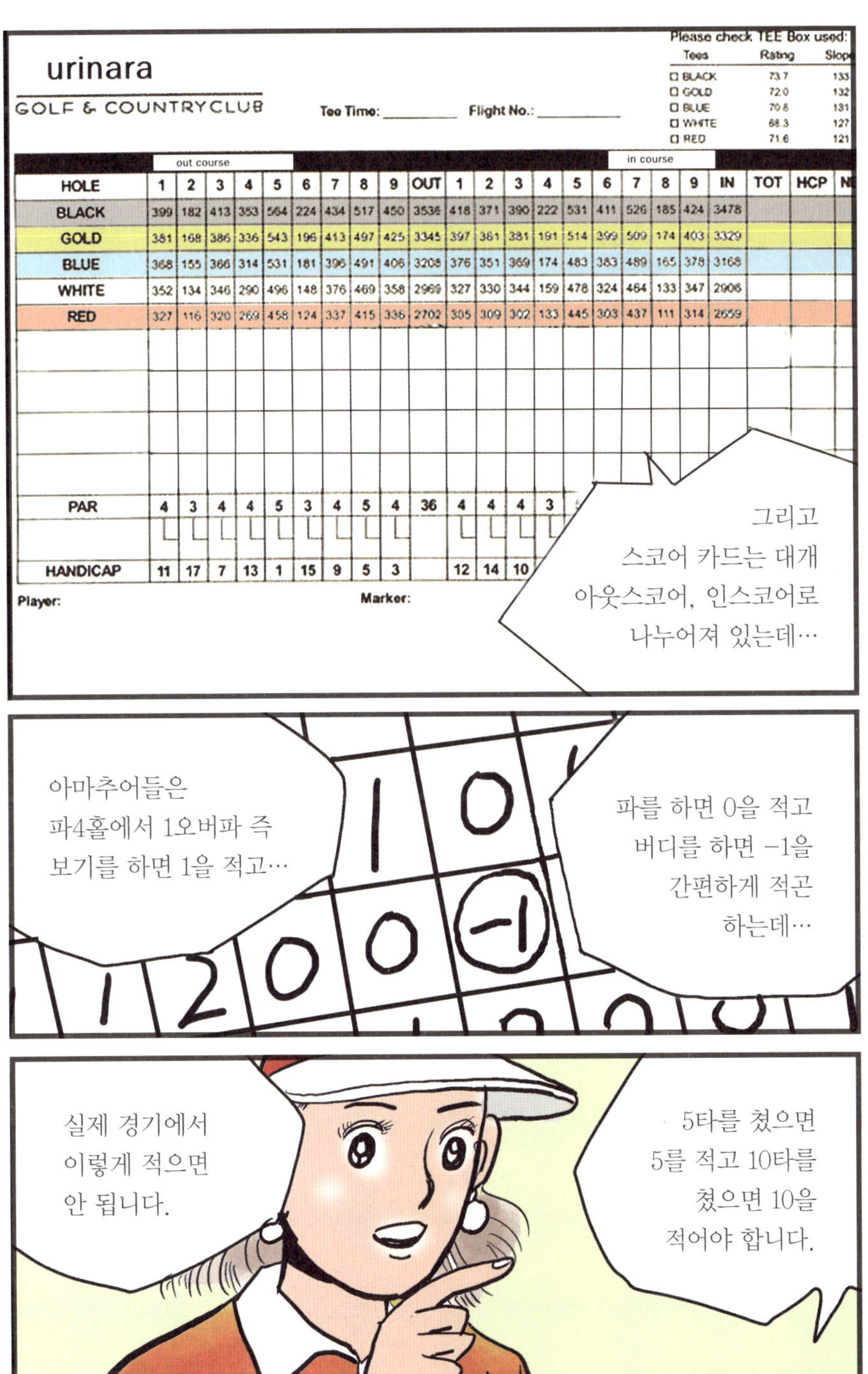

urinara
GOLF & COUNTRY CLUB

Tee Time: __________   Flight No.: __________

HOLE	1	2	3	4	5	6	7	8	9	OUT	1	2	3	4	5	6	7	8	9	IN	TOT	HCP	N
BLACK	399	182	413	353	564	224	434	517	450	3536	418	371	390	222	531	411	526	185	424	3478			
GOLD	381	168	386	336	543	196	413	497	425	3345	397	361	381	191	514	399	509	174	403	3329			
BLUE	368	155	366	314	531	181	396	491	406	3208	376	351	369	174	483	383	489	165	378	3168			
WHITE	352	134	346	290	496	148	376	469	358	2969	327	330	344	159	478	324	464	133	347	2906			
RED	327	116	320	269	458	124	337	415	336	2702	305	309	302	133	445	303	437	111	314	2659			
PAR	4	3	4	4	5	3	4	5	4	36	4	4	4	3									
HANDICAP	11	17	7	13	1	15	9	5	3		12	14	10										

Player: ___________   Marker: ___________

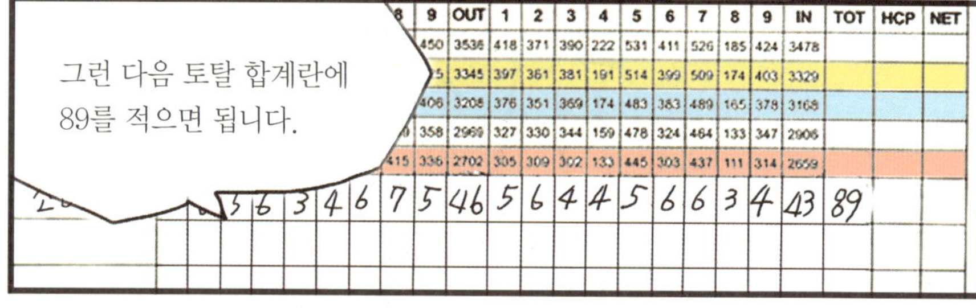

8	9	OUT	1	2	3	4	5	6	7	8	9	IN	TOT	HCP	NET
	450	3536	418	371	390	222	531	411	526	185	424	3478			
	5	3345	397	361	381	191	514	399	509	174	403	3329			
	406	3208	376	351	369	174	483	383	489	165	378	3168			
	358	2969	327	330	344	159	478	324	464	133	347	2906			
415	336	2702	305	309	302	133	445	303	437	111	314	2659			
7	5	46	5	6	4	4	5	6	6	3	4	43	89		

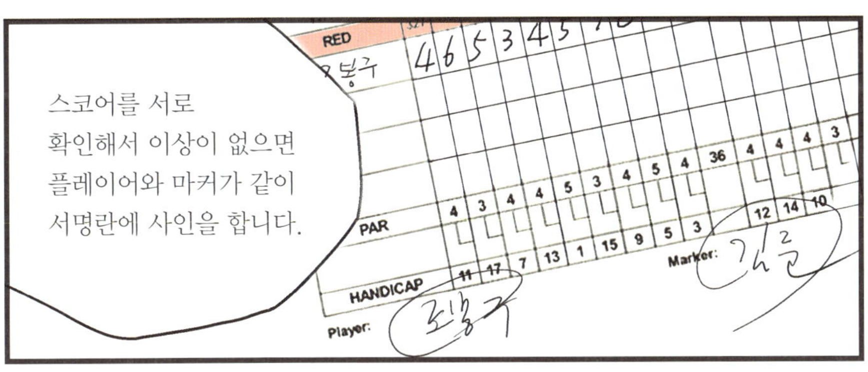

스코어를 서로
확인해서 이상이 없으면
플레이어와 마커가 같이
서명란에 사인을 합니다.

그리고 사인을 한
스코어 카드를
경기 보조원에게 제출하면
모든 것이 끝나게 됩니다.
휴~
복잡해.

대회에서 아무리 잘 쳐서
스코어가 좋아도 스코어를
잘못 기재한 채
스코어 카드함에 넣는 순간
모든 것이 끝납니다.
그 후에는 정정할 수 없게
규정되어 있습니다.
나중에 다시
정정하려 해도
할 수 없을 뿐
아니라
실제 친 타수보다
줄여서 적게
제출하면 바로
실격 처리됩니다.

골프 규정과 에티켓 1

온그린이란

온그린하고 있는가 그렇지 않은가 하는 것은 어느 부분에 볼이 놓여 있는가에 따라 달라진다. 링처럼 그린 주위를 둘러싼 약간 길게 자란 잔디밭 부분을 칼라라고 하며, 볼이 여기에 놓여 있을 때에는 규칙상으로 온하고 있다고 할 수 없다. 단, 칼라와 그린의 경계선에 볼이 있고, 볼이 조금이라도 그린에 닿아 있으면 온그린하고 있는 상태이다.

볼을 마크한다

그린에 도착하여 가장 먼저 해야 할 일은 자신의 볼을 마크하는 일이다. 이것은 다른 사람이 칠 때 방해가 되지 않도록 하기 위함으로, 그린에서의 경우 마크하지 않은 볼이 충돌하였을 때에는 볼을 맞힌 사람 쪽이 2벌타를 받는다. 마크는 핀과 볼을 연결한 선 위의 볼 바로 뒤쪽에 한다. 마크를 하지 않고 볼을 주워 들면 1벌타가 부과된다.

핀을 뽑는다

멤버 모두가 온그린하였다면 핀을 뽑은 다음 퍼팅에 들어간다. 핀까지 거리가 멀어서 홀이 잘 보이지 않을 때에는 캐디나 다른 사람에게 핀을 잡고 있게 하고, 친 다음에 즉시 뽑게 한다. 퍼팅한 볼이 핀에 맞으면 2벌타가 주어진다. 뽑은 핀은 방해가 되지 않는 곳에 치워 두는데, 치워 둔 핀에 볼이 부딪쳐도 2벌타가 주어지므로 핀을 놓는 장소에 주의해야 한다.

라인을 밟지 않는다

그린 위를 걸을 때에는 다른 사람의 퍼팅 라인을 밟지 않도록 조심해야 한다. 라인을 밟아 버리면 잔디의 방향이 바뀌어 퍼팅한 볼이 엉뚱한 곳으로 갈 수도 있기 때문이다. 부득이하게 다른 사람의 라인을 넘을 경우에는 정중히 양해를 구한다.

달리지 않는다

그린 위에서는 절대 뛰거나 발을 질질 끄는 등의 행동으로 잔디를 훼손하지 않도록 주의해야 한다. 만일 자신에게서 먼 위치에 볼이 있을 때에는 그린을 가로지르지 말고 바깥쪽으로 돌아서 가도록 한다. 신속하게 플레이를 하는 것도 중요하지만 그린 위에서는 잔디를 보호하는 것이 최우선 사항임을 명심하자.

기다리는 동안에는

다른 사람이 볼을 칠 때에는 조용히 기다리는 것이 골퍼의 기본 매너이다. 신경을 가장 집중시키는 퍼팅을 할 때에는 더욱 그렇다. 다른 사람이 퍼팅을 할 때에는 서 있는 위치도 신경을 써야 한다. 퍼팅하는 사람의 라인 연장선 위에는 절대로 서면 안 된다. 치는 사람의 바로 뒤에 서는 것은 더더욱 금물이다. 또 떨어진 곳에 서 있다고 해도 태양의 각도에 따라 그림자가 져서 치는 사람이 집중을 하는 데 방해가 될 수 있으므로 항시 배려하는 자세가 필요하다.

백 나인에서의 플레이

Part 04

그늘집 이용하기

정신없이 헤매다 보니 어느새 9홀이 끝났어.

다음 10홀은 어디로 가야 하죠?
대개 9홀이 끝나면 그늘집을 들르게 되어 있어요.

물론 중간 중간 그늘집이 나오면 잠시 쉬면서 차 한잔을 한다든가…
화장실에 들를 수가 있어요.

그늘집에는 음료나 허기를 채울 수 있는 간단한 음식이 구비되어 있습니다.

특히 9홀이 끝나면 대개 한 타임 쉬게 하는 골프장이 대부분이어서 그때 간단히 점심 식사를 하곤 하지요.
자~ 들어가지요.

저는 목이 마르니
우선 청량음료를…

오늘은 이 프로를
비롯해 모두
내 골프 선배들이니
내가 쏘겠습니다.
주문하세요.

자! 여기
신용카드입니다.
주문하면 이걸로
계산해 주세요.

호호호~

아니! 왜 웃는 거예요.
여긴 카드 안 받나요?
카드 안 되는 곳도 있나?
그런 게
아니에요.

어휴~
제발 이리 와.
앉아라!
왜 이래?!

여기가 동네 수퍼에서 음료수
파는 식인 줄 아냐?!

그냥 먹고 싶은 걸
주문해서
먹으면 돼.

플레이어의 이름만 대고
이용한 후 계산은 나중에
그린피 등과 함께 클럽하우스
프런트에서 계산하는 거야.
난 또…

점심시간도 지났는데
여기서 간단히
요기를 하죠.
그래요.

배가
엄청 고픈데!
난 많이
뛰었잖아요.

난 국수 먹을래.
국수 곱빼기!
!

제발…
머리 얹으러 와서
그렇게 티를 내고
싶냐?

읍…
곱빼기가
어때서…

자!
점심 식사로
허기도 가셨고
하니…

백 나인은
새로운 각오로
잘 쳐 봐야지.

백 나인?

골프장마다 다양한 코스

골프장은 18홀이 정규홀로 규정되어 있지.
그거야 알지.

18홀로 구성되어 있는 골프장도 있고…
9홀만 구성되어 있는 작은 골프장도 있지.

…또 27홀 36홀 등 골프장 부지의 크고 적음에 따라 골프장의 규모가 달라지지.

그래서 9홀마다 특색을 살려
각 골프장마다 코스 이름을
정해 놓고 부르지.
밸리 코스,
마운틴 코스,
오션, 레이크,
동, 서, 남, 북 등…

그러나 한 라운드는
18홀을 기준으로 하고
전반 9홀을 '프런트 나인',
후반 9홀을 '백 나인'이라고들
흔히 부르지.
그럼 우린
프런트 나인을
마치고 백 나인을
시작하는구나.

하나를
가르치면 열을
안다니까.
핫핫

칭찬이야?
놀리는
거야?

백 나인 첫 홀은 파4홀의
도그렉 홀이구나.

도그렉?

아, 그것도
잘 모르겠구나.

지금 이 홀의
모양을 잘 봐.

?

코스가 바르지 않고 왼쪽으로 휘돌아 나가지?
어떤 곳은 오른쪽으로 휘는 코스도 있지.

아무튼 이렇게 휘어진 코스를 '도그렉(dog leg)' 코스라고 하지.

마치 개의 뒷다리처럼 휘어졌다는 뜻이야.

또는 '양말 코스'라고도 해.
시시해…

그럼 호주에 가면
부메랑 코스라고
해야겠네?!
부메랑?

부메랑이 저렇게
휘어져 있잖아!
임기응변 하나는
끝내준다!

이런 홀은
드라이버샷으로 계곡을
가로지르면 거리에 상당한
이득을 보는데…
실패해서
계곡에 빠지면
낭패지.

좋아,
가까운 거리로
가로질러
가 보자.
팍
아!
잘 쳤다.

겁이 나서 크게
가로지르지는
못했어.
난 모험을
못하겠어.
거리를 손해보더라도
코스따라 쳐야지.
아!
좋은 감촉!

야!
똑바로 난다.

어…어
저…저기!

반대편 러프로
들어갔다.

저렇게 잘 맞을 줄
알았으면 계곡을
넘겨 볼 걸 그랬어.

이번엔 나도
잘 쳐 보자.
와!
잘 맞았다.

안전하게 거리도
많이 났어.

가장 어려운 홀에서
아주 잘 쳤어요.
어흠!

야!
아슬아슬하게
간다.

조금만 짧으면
빠지겠는데…

1미터 정도로
겨우 넘어갔다.

저걸 다 계산에
넣고 그 쪽을
노렸을까?

이슬기 프로
김준
독고탁
조봉구
이번 홀은 방향에
따라 드라이버 거리가
천차만별이야.
내 볼은
러프로 갔는데
어디 있지?

아!
여기 있다.

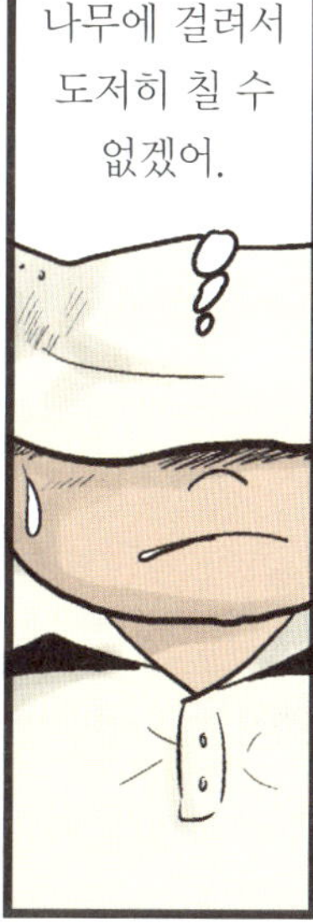

나무에 걸려서
도저히 칠 수
없겠어.

야~
그거 치기가
어렵겠는걸.

드라이버샷을
잘 치지 그랬어.

그래서 티 샷이
중요한 거지!

처음 한 번
잘 맞았다고
거드름은…

이렇게 도저히
칠 수 없다고 생각될
때에는 벌타를 먹고
나가면 되죠?

도저히 칠 수
없을 때에는
언플레이어블 볼을
선언할 수 있어요.

그럼 1벌타를
먹고…
그 볼을 그냥
집어 들면
안 돼요.
1벌타를 먹고
나가는데 안 돼요?
벌타를
부과받더라도
마구잡이로 볼을
들고 나와선
안 됩니다.
왜냐하면 원래
있던 곳에서
핀에 가깝지 않게
2클럽 길이 이내에서
드롭해야 하니까요.

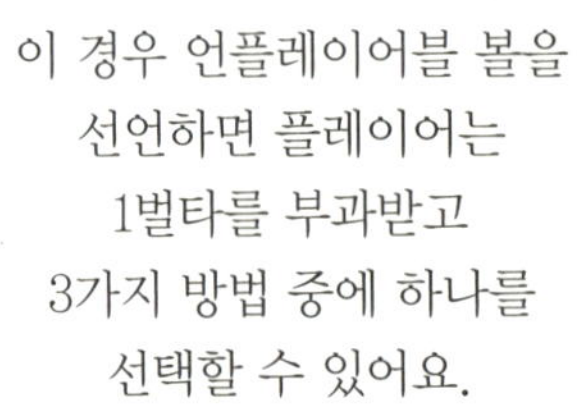

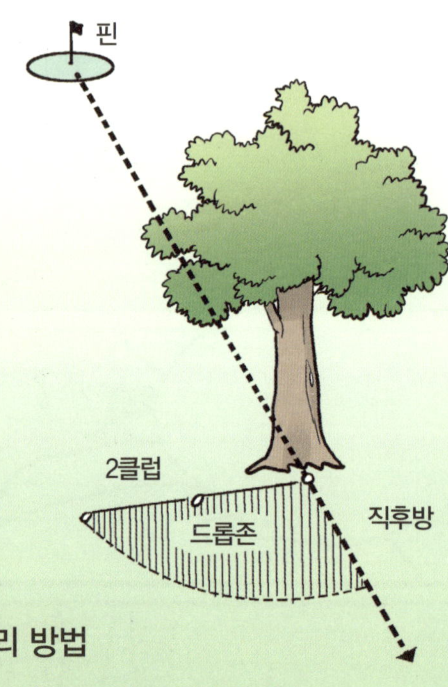

언플레이어블 볼 선언 후의 처리 방법

첫째, 핀에 가깝지 않게 2클럽 길이 이내에서 드롭하고 칠 수가 있다.
둘째, 볼과 핀을 연결하는 직후방 어디에서건 드롭하고 칠 수가 있다.
셋째, 원래 샷을 했던 곳에 다시 가서 칠 수 있다.

우선 볼이 있는 곳에
티를 꽂고 2클럽 길이
만큼 거리를 잰 후…
티
티
그 곳에
티를 꽂아
표시를
한 후…
오전에 배운 드롭 방법대로
어깨 높이에서 볼을
드롭합니다.
그런데 그 볼이
드롭존을 벗어나면
재드롭을 하고…
두 번까지
드롭하고도
위치를
벗어나면…
세 번째는 드롭했을
때 볼이 처음 떨어진
지점에서 리플레이스
하면 됩니다.
리플레이스 지점

우와!
언플레이어블 볼을
선언하고도 그렇게
복잡한 줄 몰랐어.
벌타를
부과받았다고
그냥 페어웨이로
볼을 들고 나오는
사람이 많은데
그래선 안 됩니다.
아직도 거리가 많이
남았지만 그린 앞으로
작은 개울이 감아
돌아가니까…
개울 앞까지만
보내야지!
아주 현명한
선택이에요.

이젠 내가
칠 차례다.
처음으로
세컨샷을 먼저
치지 않는다.
따악
왓!
아이언이 또
슬라이스가 난다!

아!
코스를 따라 흐르는
개울로 빠졌다.

티 샷을
잘 쳐 놓고
세컨샷이
이게 뭐야?!

또 1타
먹어야겠는 걸.

이것도 빠진 곳에서
2클럽 길이 이내로
나오면 되는 거죠?

맞아요.

그런데 아까 연못 경계 말뚝은 노란 표시였는데 이건 빨간 말뚝이에요. 왜 다르죠?
이건 '병행 워터 해저드(lateral water hazard)'라고 하는데…

주로 코스를 따라 흐르는 개울 같은 곳에 많이 표시를 합니다.

노란 말뚝 워터 해저드의 볼 처리와 붉은 말뚝 워터 해저드의 볼 처리가 다른가요?
설명을 하죠.

워터 해저드에 들어간 볼의 처리 방법

병행 워터 해저드에 빠진 볼의 처리

플레이어가 처음 친 곳A에서 플레이한 볼이 병행 워터 해저드 안의 B지점으로 들어갔을 때 해저드의 최후 경계선 C지점을 넘어갔다.

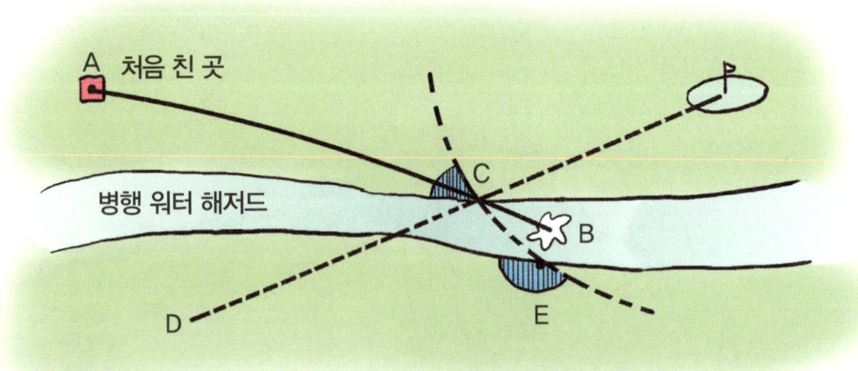

이 경우 1벌타를 부과받고 다음과 같이 처리할 수 있다.

1. A지점에서 다음 볼로 플레이한다.
2. 홀과 C지점을 연결한 직후방(D) 어디에서건 드롭 후 플레이한다.
3. C 또는 E지점으로 2클럽 길이 이내의 핀과 가깝지 않는 곳(사선으로 표시된 구역)에서 드롭 후 플레이한다.

아!
이제야 좀
알 것 같다.

가능한 한 들어간
지점에서 치는 것이
유리하겠군요.

플레이어의
판단에 따라
선택하겠지만
그런 셈이죠.

OB가 난 볼과
해저드에 들어간 볼
모두 1벌타를 부과
받는 것은 같습니다.

그러나 OB가 난 볼은
꼭 친 자리에 돌아가서
다음 샷을 해야
하지만…

해저드에 빠진 볼은
입수지점에서 드롭해서
플레이 할 수 있기
때문에

거리상으로 훨씬
유리한 편이죠.

워터 해저드에 빠진 볼의 처리

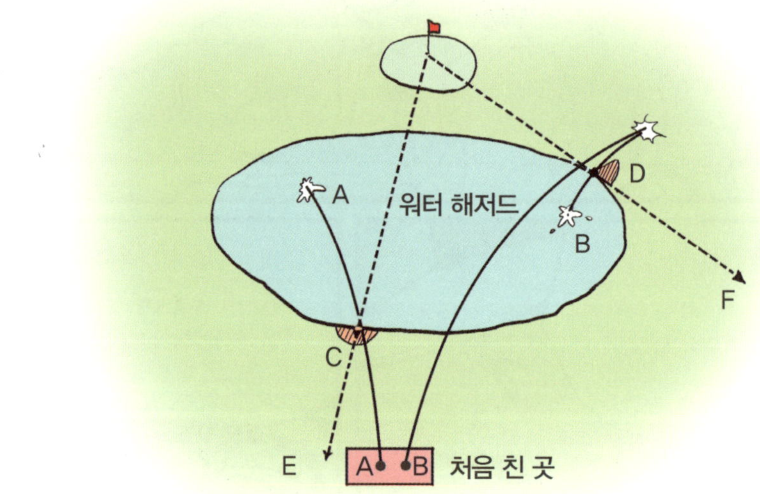

A가 친 볼이 워터 해저드 A에 빠졌을 경우, 1벌타 후

1. 해저드 한계를 최후로 넘어간 지점 C와 핀과의 연결선상 후방 E 어디에서건 드롭한다.
2. 처음 친 곳에서 드롭하여 플레이한다.
3. C에서 핀에 가깝지 않는 2클럽 길이 이내(사선 친 구역)에서 드롭한다.

B가 친 볼이 워터 해저드를 넘어 바운드되어 뒤로 빠졌을 경우, 1벌타 후

1. 해저드 한계를 최후로 넘어간 지점 D와 핀과의 연결 선상 후방 F 어디에서 건 드롭한다.
2. 처음 친 곳에서 드롭하여 플레이한다.
3. D에서 핀에 가깝지 않는 2클럽 길이 이내(사선 친 구역) 안에 드롭한다.

이제 노란 말뚝 워터 해저드와
붉은 말뚝 병행 워터 해저드를 확실히 알았다.

툭
어!

뭐야, 빗방울이잖아.

일기예보는 흐리다고만 했는데…
하늘에 먹구름이 잔뜩 몰려 있어.

어! 뭐야?!
모두 우산을
준비해 왔잖아.

비겁하게 날 빼놓고
너희들만 우산을
준비해 오고…
비겁?

여름철에 비옷, 우산 등은 항상 캐디백에 준비하고 필드에 나오는 건 상식인데… 쯧쯧!

그래요. 일기가 수시로 변하는 여름철이 아니더라도 비옷, 우산, 바람막이 등은 꼭 구비하고 필드에 나와야 해요.
!

심지어 간단히 갈아입을 티셔츠도 여벌로 준비하고 다니는 사람들도 있어요.

그리고 추운 겨울철 라운드 때는 특별히 따로 준비할 것이 있어요.

여름철에 준비해야 할 용품
선크림
비옷
갈아입을 여벌 셔츠
우산
반창고
방수 골프화
수건

겨울철에 준비해야 할 용품
털장갑
바람막이 등 털외투
주머니 난로
귀를 감싸는 모자
여성용 간편 화장품

와, 한 살림 차려야겠네.
캐디백이 왜 크게 만들어졌는지 이제 알겠지.

자연 속에서 장시간 플레이하는 골퍼는 수시로 변하는 날씨에 적응해야 하기 때문에 구비할 용품이 적지 않죠.
!

나무 밑에서 비를 피하자.
이리 와서 나와 같이 우산을 쓰도록 해요.

헤헤~
그럼 실례.

햐~
저 녀석
부러운데…

저 녀석 일부러
우산을 두고 온 건
아니겠지.

이 프로는
빗속에서도
잘 친다.

헤헤

철퍽
철퍽
신발이 방수가
되지 않으니
양말까지
다 젖었네.

그래서 골프화는 꼭
방수가 되는 제품으로
신어야 해요.
비싸게 산
골프화인데…

# 디봇 자국의 처리

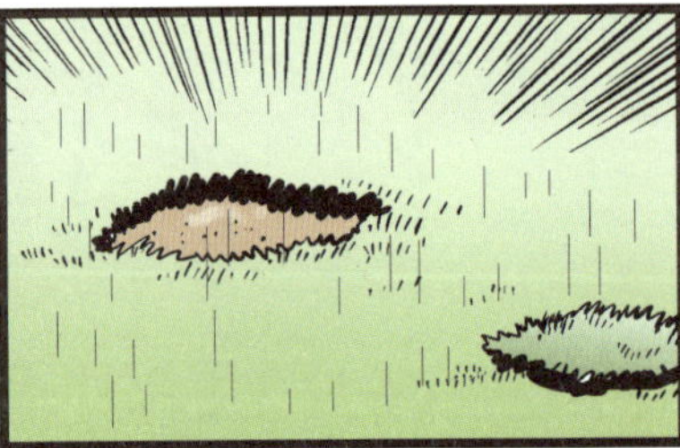

양잔디처럼 깨끗이 떨어져 나온 디봇 자국이라면…
떨어져 나간 잔디를 다시 덮어주고
발로 밟아 주어야 하고
떨어져 나간 잔디가 형체가 없다면 그 자국을 모래로 메워야 해요.
꾹 꾹
이런 것들은 대개 동반 캐디가 처리하지만
플레이어 스스로가 처리한다는 생각을 갖는 것이 중요합니다.

만일 자기가 만든 깊은 디봇 자국에 다음 플레이어의 볼이 들어 간다고 생각해 보세요.
이는 벙커에서 자신이 만든 발자국을 복구하지 않는 것과 같은 이치입니다.

그리고 골퍼는 누구보다도 골프장을 아끼고 보살핀다는 생각을 가져야 합니다.
역시 프로는 뭐가 달라도 달라.

야!
기분 좋게 맞았다.

어!
그런데…

저…저거…

뭐야, 이거!
퍼팅하고 있는데…

비가 와서 설마
온그린될까
싶어서 쳤는데…

아이고…
죄송합니다.
굽신
굽신

죄송합니다. 얼마나 놀라셨습니까?
참, 사과를 하니 망정이지…

제가 그랬습니다. 평소 거리가 안 나는 편인데 그만…
체격을 보니까 거리가 안 나는 사람같지는 않아 보이는데…

아무튼… 죄송합니다.
굽신 굽신

골프 코스는 물이 흐르듯이 자연스러워야 합니다.

앞 조가 충분히 그린을 떠난 후에 뒷 조가 플레이해야 하고…
앞 조는 뒷 조를 위해 가급적 빠른 플레이로 시간을 지체하지 않도록 해야 합니다.
천천히…
그래서 스트로크는 침착하고 천천히 하되…
플레이를 하기 위해 볼에 접근할 때는 빠르게 하는 것이 예의입니다.
특히, 탁 씨!
내가 또 뭘요?
탁 씨는 초보자이기 때문에 아무래도 실수를 많이 하게 되죠.
예…

따라서 여러 번 샷을 하게 되는데 지나치게 시간을 끌어선 안 됩니다.

그래서 머리 얹는 날은 볼을 치는 것보다 빨리 자기 볼까지 뛰어가게 하는 코치들이 많습니다. 팀의 흐름을 깨지 않게 하기 위함입니다.
헐레 벌떡
다른 사람이 기다리고 있으니 뛰어요.

쌩
알았음다. 눈썹이 휘날리게 뛰겠습니다.

야!
이번 홀은
롱홀이구나.

파5홀을 대개
롱홀이라고 하는데
잘못된 표현이에요.

따라서
파4홀을
미들홀

파3홀을 숏홀이라고
표현하는 것도 잘못된
용어입니다.

파5홀이라도
비교적 짧은 홀을
숏 파5홀이라고
할 수도 있고

파3홀이라도 길게
조성되어 있으면
롱 파3홀이라고
하기도 하니까요.

숏홀, 미들홀, 롱홀은
파3, 파4, 파5홀을 말하는
것은 아니라는 얘기입니다.

음…
그런 것도
모르고 마구
썼으니…

아무튼 저부터
티 샷을 하겠어요.

딱

아!

거리를 의식해서
힘껏 휘둘렀더니
훅볼이
났어.

크게 휘두른 탓도
있지만 이렇게
비가 오는 날은
훅볼이 나게
되어 있어요.
그건 왜죠?

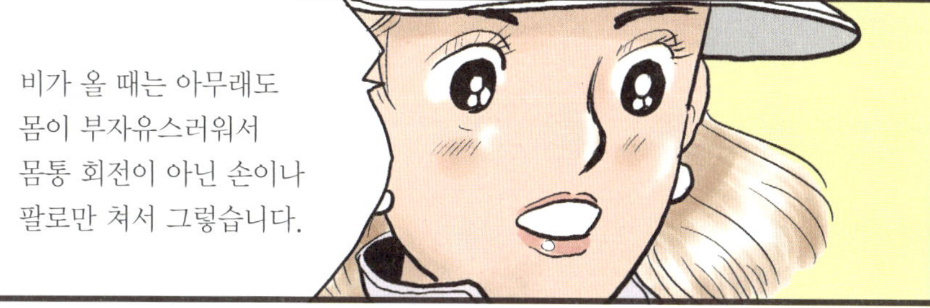
비가 올 때는 아무래도
몸이 부자유스러워서
몸통 회전이 아닌 손이나
팔로만 쳐서 그렇습니다.

몸통 회전 없이
손으로만 치게 되면
훅볼이 많이 나게
됩니다.

그래서 비가 오거나
바람이 불어 일기가
나쁜 날일수록 스윙을
천천히 해야 합니다.
천천히…
천천히…

따닥

와!
역시 천천히 리듬있게
치니까 똑바로 난다.

나도
천천히…
천천히…
천천히…
딱

앗!
슬라이스다.

나도 천천히
휘둘렀는데…

스윙 궤도가
아웃사이드 인으로
치게 되면
슬라이스는 잡질
못해요.

아!
멋진 스윙이다.

나도 천천히
휘둘렀는데…

잠정구(provisional ball) 플레이

그 쪽은 러프가 깊어서 볼을 찾기 힘들지도 모르니 잠정구를 치고 나가는 것이 유리합니다.
막상 나가서 볼을 찾지 못해 로스트 볼(lost ball) 처리가 됐을 때에는 다시 티잉그라운드까지 되돌아 가서 다음 샷을 해야 하는 번거로움이 따릅니다.
히걱
지걱
진작 잠정구를 치고 나올걸…

OB가 나거나 볼을 못 찾으면 대충 볼이 간 근처에서 치면 안 되나요?
그렇지 않아요.

꼭 먼저 친 곳에 가서 다시 3구째를 쳐야 합니다.

다만 아마추어들은 시간 관계로 특설 OB 티를 설치해서 그 곳에서 4타째를 치게 합니다만…

그러나 원 규정은 처음 친 곳에 가서 쳐야 합니다.

때문에 볼의 행방이 약간 의심스러우면 꼭 잠정구를 치고 나가시는 것이 좋습니다.
아!

잠정구를
칠 때는 반드시
동반자에게
잠정구를 치겠다는
선언을 해야
합니다.

그리고 먼저 친 볼과
다른 볼임을 확인시키고
쳐야 합니다.
이번에는 3번 볼을…
이번엔 잘 맞았다.

로스트 볼(lost ball)은 5분까지 찾을 수 있다

그러나 5분은
엄청나게
긴 시간이야.

5분 동안에
찾을 수 없다면
거의 찾기 힘든 볼일
가능성이 많지.

그래서 아마추어들은
아주 깊은 러프라면
미리 찾는 걸
포기하곤 하지.

역시 잠정구로
플레이하는군.

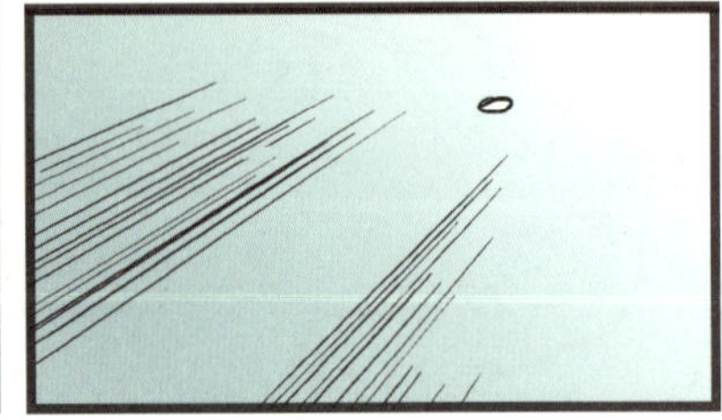

헐레 별떡
피
헐레 별떡
정신없이 뛰어다녔더니 숨차다.
학학
골프란 운동은 엄청난 체력을 필요로 하는군.

이번 홀은
쓰리 퍼팅으로
마무리했는데…
몇 타를 쳤는지
모르겠어.
어!
어느새 비도
그쳤잖아.
자!
다음 홀로
가시죠?
비도 그쳤으니
잘 쳐 봐야지.
하하하

18홀 라운드가
다 끝났는데
어딜 가자는
거야?
왜 웃는 거야?
기분 나쁘게!

엥!
벌써…?

뭐…뭐
부끄럽기만
한데…
오늘 머리 얹는
날이었는데…
정말 수고 많았어요.

골프 규정과 에티켓 2

벙커에서의 매너

벙커에 들어갈 때에는 볼이 있는 장소와 가장 가까운 경계에서 들어가는 것이 좋다. 무턱대고 먼 곳에서 들어가면 뒤에 벙커를 고르는 일이 큰일이다. 또 벙커샷을 친 다음에는 발자국이나 볼을 친 자국을 신속히 없애야 한다. 규칙상으로는 벙커 내의 상태는 볼을 다 칠 때까지는 고칠 수 없다. 자기가 친 볼이 벙커에 남은 다른 사람의 발자국에 빠져서 치기 어렵게 되면 기분이 좋지 않을 것이다. 다음에 벙커로 들어오는 사람이 똑같은 생각을 하지 않도록 하기 위해서라도 반드시 원상복구를 해 놓아야 한다.

디봇을 복구한다

페어웨이의 볼을 칠 때, 잔디와 함께 볼을 쳐버리는 일이 있다. 이 과정에서 잔디가 파여 나간 흔적을 디봇이라고 한다. 디봇을 만들었을 때에는 페어웨이를 손상시키지 않기 위해 반드시 파인 잔디 자국을 원상복구하도록 한다. 잔디가 충분하지 않을 때에는 캐디가 가지고 온 모래로 복구한다.

분실구(로스트 볼)

숲 속과 같은 장소에 들어간 볼이 보이지 않을 경우, 규칙상 볼을 찾는 것은 5분 이내로 정해져 있다. 분실구는 1벌타를 부과받고, 앞 타를 쳤던 위치로 돌아가 다음 타를 치는 것이 정석이다. 분실구는 함께 라운딩을 돌고 있는 플레이어의 집중력을 떨어뜨릴 뿐만 아니라, 진행을 지연시키는 원인이 되기도 한다.

분실구의 가능성이 있을 때에는 반드시 잠정구를 쳐 두는 것이 좋다.

그린에서 나올 때

멤버 모두가 홀아웃했다면 신속히 그린에서 나와야 한다. 골프장이 복잡할 때에는 뒤쪽에 벌써 다음 조가 그린으로 들어오기 위해 기다리고 있는 것이 보일 것이다. 플레이 중에 많은 시간이 걸리는 것은 별 수 없다고 하더라도, 그린에서 어물거리고 있는 것은 다른 조가 볼 때 시간을 끌고 있는 것처럼 보인다. 그린을 나올 때에는 다음 조를 향해 가볍게 인사를 한다.

골프 복장

골프는 신사 숙녀의 스포츠이므로 단정한 옷차림이 중요하다. 지나치게 화려한 복장이나 청바지처럼 너무 격이 없는 복장은 매너에 어긋난다. 여성의 경우, 탱크톱이나 숏팬츠 등 피부를 지나치게 노출하는 옷차림은 동반 플레이어에게 실례가 된다. 땀을 흘리기 쉬운 한여름에는 남녀 모두 갈아입을 옷을 준비해 가야 하프가 끝났을 때 옷을 갈아입고 산뜻한 기분으로 오후의 라운드를 즐길 수 있다. 또한 장마철에는 플레이 중에 갑자기 비가 쏟아져 곤란해지는 경우가 생길 수도 있으므로 비옷이나 우산 등을 반드시 준비해 놓아야 한다.

Part 05

라운드를 마친 후

라운드를 마치고

골프는 동반자에 대한 배려에서 출발한다

자!
오늘 잘 쳤다.
새삼스레
무슨
악수를!

그렇지 않아요.
라운드가 끝난
다음에도 예절이
있어요.

같이 라운드한
동반자는 물론…

도우미인
캐디에게도 덕담의
인사를 해야 하죠.

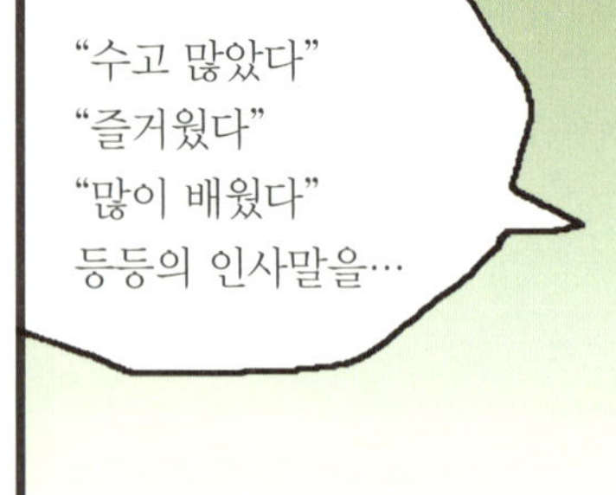

"수고 많았다"
"즐거웠다"
"많이 배웠다"
등등의 인사말을…

여성은 괜찮지만
남성들은 꼭 쓰고 있는
모자를 벗으며 오늘 함께
즐거운 라운드를
마친 것을 인사하며
마무리해야 합니다.

이 프로님,
오늘 많이
배웠습니다.
호호~
옆구리 찔러 인사받는
것 같아요.

이제 각자 자신의
클럽을 확인하세요.
혹 클럽이 없어지지는
않았는지?

클럽에 이상이 없으면 서명을 부탁합니다.

오늘 캐디님께서도 수고가 많았습니다.

참! 캐디피는 어떻게 하나요?
그래요. 캐디님께 수고비를 드려야죠.

대체로 정해진 캐디피를 라운드를 마친 후 바로 드리는 경우가 대부분이고

어느 골프장은
그린피를 계산할 때
같이 주는 곳도 있어요.

자!
일단 우리의 캐디피
모두의 것을
내가 함께 드리고 나중에
계산해 받겠어요.

수고
많았습니다.
박수~
감사합니다.

잠깐!
아직 가시면
안됩니다.
또 뭐가
남았어요?
우리 골프장에선
캐디백을 주차장까지
가서 직접 실어
드리고 있어요.
아~
그렇지.

차의 키는
가지고
오셨나요?
이런…

라커룸에 벗어 눈
자켓 주머니에
있는데…
그럼 캐디백
보관소에 맡겨 둘
테니 떠나실 때
찾아가세요.

여기
캐디백을 찾는
티켓입니다!
!

골프장마다 조금씩
다르긴 하지만
캐디백을 찾아가는
몇 가지 방법이
있어요.

라운드를 마치고
캐디와 함께 직접
주차장까지 가서
캐디백을 싣는 곳

그렇지 않으면
캐디에게 캐디백을 맡기고
보관 티켓을 받은 후
나가면서 보관소에서
직접 찾아 싣고 가는 곳

대개 보관소는
클럽하우스 정문 옆에
있습니다.
알겠습니다.

자!
이제 들어가서
샤워를
하시죠.

경기를 마치고
클럽하우스에 들어갈 때는
출입문 입구에 에어 건이
비치되어 있는데 거기서
신발을 털고 들어가야
합니다.

깨끗이 털어서
클럽하우스 내를
더럽히지 않도록
해야 합니다.
그렇구나~

자! 간단히
샤워를 하고
식당에서
만나요.
예.
휴~
피곤하군.
그런데
샤워실이
어디 있지?

라커룸 안쪽
저기 샤워실 팻말이
있잖아!
샤워실

휴~
이리저리 뛰느라고 땀범벅이 됐네.

울렁

울렁

야!
너 지금 뭐하는 거야?!

왜?
샤워하러 가는데…

여기는 목욕탕 탈의실이 아냐!
빨리 팬티 입어!

후닥

라커룸에서는 간단히 팬티를 입고

갈아입을 속옷과 세면 도구를 갖고 샤워실로 가는 거야.

이렇게 샤워실 안에 별도의 탈의실이 있다구…

그리고 먼저 간단히 양치를 하고…

샤워를 한 후에…

따뜻한 탕 속에서 피로를 풀고…

나와서 준비한 속옷을 갈아입고 나오면 돼.

큰일 났다.
난 갈아입을
속옷을 준비 못해
왔는데…
냄새나는
속옷을 다시
입어야겠네.

야!
연습장에서는
잘 맞던 골프가 왜 그리
안되는 거지?

스윙에
문제가 있나?
욕탕 안에서
골퍼의 꼴불견이
뭔지 알아?

벌거벗고
빈 스윙하는 것

큰 소리로
떠드는 것

사용한 수건
함부로 버리는 것

좌우간 이런
나쁜 목욕 문화는
고쳐야 해!
그저
조용히
몸을 닦고
나가야지.

망신주네…
창피하게…

골프 장비만
열심히 챙기느라
라운드 마치고
갈아입을 속옷을
준비 못해서
목욕을 하고도
찜찜해…

그래요.
특히 화장을
해야 하는 여성들은
준비할 것이 더욱
많아지죠.

어쨌든…
샤워를 마쳤으니
식당으로 가시죠?
탁 씨!
보스톤백
거기 두고
오세요.
예!

대개 경기를 마치면
동반 파트너와 식당에서
간단한 음료나 식사를 하며
그날 라운드의 소감을
나누게 됩니다.

그래, 오늘 첫 라운드의
소감이 어떠세요?
탁 씨가 한 말씀해 보세요.

골프를 치는 테크닉도
중요하지만 지켜야 할
규정과 매너가 이렇게
많은 줄은 정말 몰랐어요.

골프는 동반자에 대한 배려에서 출발한다

나는 동반자를
불편하게 하지는
않았는가?

동반자에게
무조건 이기려고만
들지 않았는가?

그렇게 동반자에 대해
신경을 쓰는 것은…

골프는 동반자 없이는
즐길 수 없는 경기이고
동반자는 경쟁자이며
심판관이며 갤러리이기도
하기 때문입니다.

이 동반자가 없으면
버디를 잡아도 또
멋진 샷을 날려도
혼자만의 잔치처럼
싱겁기 그지없는 경기가
되기 때문입니다.

208

동반자가 없으면 경기가 이루어질 수 없다고 생각하면 가장 소중한 존재가 되는 것입니다.
그래요.

우리가 다시 학창 시절로 돌아간 느낌이 들어서 즐거웠다.
자주 만나서 우정을 나누자.

다음에는 더 좋은 매너와 더 좋은 실력으로 무장해서 새로운 모습을 보여 주겠어.
건배
하하! 기대해 보자.

라운드가 끝난 후

플레이가 끝난 후 귀가하기까지가 골프이다.

홀아웃 후

18홀을 무사히 다 돌면 라운드가 끝난다. 하루 종일 잘 보살펴 준 캐디에게 인사하는 것을 잊지 않도록 한다. 클럽의 개수를 확인한 다음 전표에 서명을 하고, 카트에서 자신의 소품은 모두 꺼내어 든다. 캐디백은 체크아웃한 후 캐디에게서 받은 교환 전표로 찾는다.

스코어의 제출

공식 경기 때에는 전 홀을 홀아웃한 다음 서로의 스코어 카드를 대조하여 확인한 후에 스코어 카드를 운영 위원에게 제출한다. 말할 필요도 없는 일이지만, 스코어는 정확히 신고해야 한다. 스코어를 줄여서 신고하면 실격 처리된다.

목욕

스코어를 제출한 다음에는 라커룸에서 가벼운 옷차림으로 바꿔 입고, 목욕탕으로 가서 땀을 뺀다. 목욕타월이나 샴푸 등은 준비되어 있다. 그러나 골프장의 비품들을 되는 대로 마구 사용해서는 안 된다. 또한 목욕탕 내에서 동행인과 큰소리로 떠들거나 스윙 포즈를 취하는 것도 큰 실례이다. 골프는 필드 이외의 곳에서도 매너와 에티켓이 요구되는 스포츠임을 명심하자.

체크아웃

짐을 정리한 다음에는 프런트에서 체크아웃을 한다. 맡겨 둔 귀중품이 있으면 돌려받고, 요금을 정산한다.

클럽의 인수

체크아웃이 끝나면, 현관에서 캐디백을 찾는 곳도 있고 캐디가 자동차에 백을 실어 놓는 곳도 있는데, 백을 찾을 때에는 최종적으로 클럽의 개수 등을 확인하는 것이 좋다.

귀가

모든 수속이 끝나면 귀로에 오른다. 실수했던 샷은 잊어버리고, 좋았던 장면만을 가슴에 간직하고 돌아간다. 하루 동안 대자연과 호흡하며 건강을 위해 운동을 즐겼다는 사실에 만족한다. 자동차를 가지고 온 사람은 안전 운전에 유의한다. 무사히 집에 도착하기까지가 골프이다.

Good Luck

이상무의 왕초보 **골프 가이드**

1판 1쇄 | 2010년 9월 3일
1판 5쇄 | 2019년 7월 30일
지은이 | 이 상 무
발 행 인 | 김 인 태
발 행 처 | 삼호미디어
등   록 | 1993년 10월 12일 제21-494호
주   소 | 서울특별시 서초구 강남대로 545-21 거림빌딩 4층
          www.samhomedia.com
전   화 | (02)544-9456(영업부) / (02)544-9457(편집기획부)
팩   스 | (02)512-3593

ISBN 978-89-7849-426-7(13690)

이 도서의 국립중앙도서관 출판예정도서목록(CIP)은
e-CIP 홈페이지(http://www.ni.go.kr/kolisnet)에서 이용하실 수 있습니다.
(CIP제어번호 : CIP 2010003009)